はじめに　しっそうのまえに

兄とわたし

この本は、兄とわたしをめぐる物語である。

兄には知的障害があり、自閉症者でもあると言われる。わたしは今のところ、知的障害や自閉症があるとは言われていない。振り返ってみると、わたしは小学校四年生まで席に座っていられない子で、学校の教師たちにいつも負担をかけていた。前後に仲のいい子が座ると授業中に話しかけ続けて、「イノセ君の近くに座ると成績が落ちる」と言われたこともあった。けれども、当時はそのことによって障害名が与えられることはなかった。だから、この本は障害のある兄と、その弟の物語のようでもあるが、それではおさまりきらない。障害のある兄と、障害のないとされているが、さまざまないびつさを持った弟の物語であり、障害のあるとされているが、さまざまな鋭さを持っている兄と、その弟の物語でもある……、そんなふうに延々と言い換えられる。

しかし、そういうふうに言葉を補うことに、どんな意味があるのだろうか。

わたしは、生まれてからの十八年間、兄と一緒に暮らした。兄は、わたしよりも六年前に生まれた。だから、わたしが生まれたときに兄はわたしの目の前にいた。兄は、わたしにとってこの世で最初に出会った人間の一人である。兄の存在はそのすべてが、わたしにとってあたりまえのものだった。わたしと兄との間に、大きな違いがあるとも思っていなかった。ときに大きな声をあげることも、跳びはねることも。それは、背が低いとか、声が大きいとか、喧嘩が強いとか、それくらいの違いだった。

やがてわたしは、兄は障害児と言われること、わたしは障害児と言われないことに気づいた。それはわたしにとって、兄と自分とのつながりを切断されるような経験だった。わたしは、心を通わせていた兄が、本当はわたしと心を通わせていないのかもしれないと思い、わたしと同じような心を、兄は持っていないのではないかと思った。だって、兄は「障害児」だから。そして、自分が生きてきた世界が、バラバラにされるような恐怖を感じた。

わたしは、兄と自分を切断するものの見方がこの世界ではあたりまえだということを知り、そして、それを次第に受け入れていった。


大学で、わたしは文化人類学を学ぼうとし、実際に文化人類学の授業を受け、文化人類学を専門にするようになった。その頃から、わたしは障害の人類学をテーマにするのだと、文化人類学の先生たちや、大学院生たち、そして一緒に授業を受けている同級生たちに語った。その理由を説明する際、いつしかわたしは自分の兄に障害があるということを語るようになった。すると、そのテーマ設定に対して、深く問われることがなくなった。わたしは障害が人類学的にどう考えられるのかということを問いとして設定し、身体論や学習論を学び、障害をめぐる先行研究を学び、そして障害のある人の暮らす現場でのフィールドワークをはじめた。

大学院へ進学する頃、自分のテーマについて相談した文化人類学の先生から、あなたが対象にしているのは内なる他者なのだと言われた。文化人類学が長年テーマにしてきたのは、外なる他者、遠くの他者だった。それに対して、自分は身近な他者である兄や、兄を通じて出会った障害のある人たちのことをテーマにしている、とその先生に言われたのだとそのときは理解した。

あれから二十年以上の時が経った今、内なる他者というのは兄のことではなく、兄のことを他者として扱う人たちのことでもあり、それをだんだんと受け入れていくわたし自身のことでもあると気づいた。とともに、わたしは、自分がしたかったのは、障害の人類学ではないのだと思いはじめるようになった。

シンプルに言えば、障害の人類学は、障害のある人が文化的にどういう意味を与えられているのか、その社会でどのように生きているのかを探究する。その際、障害のある人の身体的、精神的な特徴よりも、むしろその人に与えられる、社会的、文化的な意味づけのほうに注目する。たとえば日本では障害とみなされるような身体的、精神的な特徴を持つ人が、ある社会ではそうは見られないことを示すことで、障害をめぐる価値観を揺さぶる。

このように社会的、文化的な意味づけに注目することは、それぞれの人の身体的、精神的な特徴が何か、自分とその人との間の身体的、精神的違いが何かを考える意識を薄くする。

急いで補足するが、わたしは障害のある人とない人との間に、身体的、精神的な断絶があるとは考えていない。むしろ、障害のあるとされる人とないとされる人との間に違いがあるように、障害のあるとされる人同士の中にも、ないとされる人同士の中にも違いがある。とともに、障害のあるとされる人と、ないとされる人との間にも重なり合うものがある。大事なのは、そのシンプルな事実を語ることではない。違いは何で、重なりは何かを、自分が遭遇した出来事の中で、自分の身体や精神のはたらきに気を配りながら、考えることだ。その先に見えてくるのは、違いがあるから切り離されているのではなく、違いがあるけれども、お互いふれあうことができるという世界観である。

兄とわたしは、部分的に重なりながら、しかし確実にずれている。ほかの人との間と同じように。そう理解することで、わたしはバラバラになった世界をもう一度結びつけていった。

この本を書き進めるための手がかりを与えてくれた、人類学者のティム・インゴルドは「〇〇の人類学」を「〇〇とともにある人類学」に置き換えるように呼び掛ける（インゴルド 2017：29）。彼にならうならば、わたしがやろうとしたのは「障害の人類学」ではなく、「障害とともにある人類学」ということになる。さらに言えば、わたしが考えたいのは、「障害者」や「自閉症者」としての兄ではない。「障害者」や「障害がある人」「自閉症者」の一言ではおさまりきらない、わたしと四十数年ともにあった兄であり、兄とともにあったわたしであり、そしてその兄とわたしとともにあった人びとであり、世界のことである。世界は滑らかな面として広がっている。しかし、そこにさまざまな切断線が走る。そして、わたしを含めたほとんどの人がその切断線を内面化してもいる。

このように自他の間に切断線を走らせ、それらを内面化してもいる状況を通常状態とすれば、ときに切断線を乗り越えてしまう動きを、この本では「しっそう」と呼ぶ。

この物語を書くということは、障害の人類学の実践ではなく、ただ人類学の実践である。そのことを、この物語を読み終わったあとに感じていただければと願い、言葉を綴《つづ》る。

三種類の線

この本において、出来事は直線的に流れていかない。二〇二一年三月の出来事を基点としているが、その意味を探るためにさまざまな時点の出来事に立ち戻りながら（それはわたしが体験したことでもあれば、わたしと出会った人が体験したことでもあり、そしてわたしと出会うことのない人びとが体験したことでもある）、物語を叙述していく。ここにおける歴史は過去から未来へ同じペースで流れていく時間の中には必ずしもない。むしろ、現在の出来事が過去のある時点の出来事を隆起《りゅうき》させ、その現在と過去を対比する中で、出来事の意味を確かめていく。それは、亡くなった人の遺品を整理しながら、手に取った写真や人形が現在のわたしに語りかける何事か——直接的なつながりを確かめるすべはないが、そこに写ったものが、それに込められた思いが、わたしの何かに重なっているような感覚——に似ている。[*1]

この本で、わたしは三種類の線にふれている。

一つ目は、**兄のしっそうが描いた線**である。あるとき、わたしの目の前から兄はいなくなり、そして思わぬ場所に兄は現れた。わたしには、兄のしっそうの始点と終点（のようにみえるもの）だけがわかった。

しっそうは、まず失踪である。兄が、わたしが期待した居場所からどこかにいなくなってしまう。それはわたしにとっても、周りの人間にとっても意味のわからない、ただ不安にさせられる出来事である。兄に知的障害があると考えると、そんな不安は幾分軽減する。しかしそれは、彼を理解したのではなく、単に彼を自分と違う存在として整理しただけだ。

兄の世界を意味のあるものとして理解しようと追いかけると、しっそうは疾走になる。兄は何かを目指して疾走する。兄は疾走しながら、何かを目指していく。その走る兄を追いかけながら、なんとかお互いの世界を重ねるようにする。そして、自分がそれまであたりまえだと考えていた世界を揺さぶり、未知のほうへ開いていく。

わたしが描こうとするのは、その失踪と疾走のあわいである。

二つ目は、兄のしっそうが描く線を追いかけていく、**わたしの思考と記述の線**である。それを、**人類学の線**と呼んでもいいかもしれない。[*2] まさに、わたしは兄のしっそうを追いかけながら、ときに兄の描いている線との重なりを感じ、ずれを感じながら、わたし自身の思考や感覚を変容させていった。

兄のしっそうを理解したつもりで得意になったわたしの描く線から、さらに兄はしっそうしていく。そうやって兄の存在を捉えようともがくわたしの理解や記述を、兄はすり抜けていく。それは兄の存在のかけがえのなさであり、人とともに生きることの切なさである。さらに、わたしの理解や記述が、かろうじて兄をかすっていることが、人とともに生きることの喜びである。わたしはこの物語で、兄の意思をつかむ。そしてそれを、確実なもののように扱う。すると、兄はそこからさらに去っていってしまう。それでも、兄の意思にふれたという感触は残る。わたしたちは無から生まれて、無に帰っていく。そのことの耐えられなさの中で、わたしたちは空虚さを過剰な意味で満たしてしまう。その誘惑に抗して踏みとどまり、かろうじてかすっていること、そのことにささやかな、しかし確実な喜びを感じたとき、わたしたちは過剰な意味を追い求めなくても、生と死をめぐる不安に今までよりは耐えられるのではないだろうか。

三つ目は、この本で背景のように浮かび上がる、国家や経済など巨大なシステムが引く線である。たとえばそれは新型コロナウイルス感染症の中の緊急事態宣言によって引かれた家と外との境界や都道府県の境界、国境であり、東京オリンピックの聖火リレーの綿密に計画された走行ルートであり、パラリンピック開催を祝うブルーインパルスが空に描いた飛行機雲である。

この線には、冒頭に書いた障害のあるとされる人とないとされる人を分ける切断線も含まれる。

　この物語の舞台は二〇二一年までを中心にしたため、文中で登場することはほとんどないが、執筆作業の傍《かたわ》らで、ウクライナ戦争のニュースがあり、そこで高まった恐怖感の中で、日本という国の防衛や外交に関する意識が劇的に変わり、それが防衛費のかつてない肥大化という形で現れた。二〇一五年に国会前に集まって多くの人が声をあげたことなどどこかにいってしまったように、この国はあっさりと国の形を変えてしまった。同じように、オリンピックやコロナ、香港やミャンマーで起きていることは、それが決して終わっていなかったとしても、忘れ去られていった。

　新型コロナウイルス感染症の感染爆発が叫ばれたとしても、会期を延長し、実質的に無観客開催とするだけで、結局は遂行《すいこう》されてしまった聖火リレーや、オリンピック、パラリンピック、それを盛り上げるためのブルーインパルスの飛行機雲は、わたしたちのあたりまえに生きる世界が、強力な力によって変えられてしまうことの予兆でもあったようだ。

図と地

この世界とは別の世界を構想する力が、日常の中にあるのかもしれない。

有事においては歯牙《しが》にもかけられない、平時においても世界を変える力などないと思われている存在の中にこそ、ささやかで強靭《きょうじん》な力が潜《ひそ》んでいるのではないかということが、この物語を書きながらわたしが意識を強めたことである。『分解者たち』という本を書く中で、初めてわたしはその力を意識するようになった。

社会という地があって、個別の経験があると考えると、兄とわたしの生などとるに足らないことだ。それは、広大な社会の中の点に過ぎないから。しかし、個別の生々しい、本来共有不可能な部分の多いそれぞれの経験があって、その上に仮想としての社会という図を描いているに過ぎないと考えると、実はとるに足らない、けれどかけがえのない／代替不可能な生を徹底的に書くことにも意味が見出される（箭内 2018 : 236, 249）。

たとえば、コロナの感染拡大の中で、子どもや若者を含めた外出自粛や、ワクチンの接種が呼びかけられた。そこでなされたのは、個人の生ではなく、社会（＝人口）をめぐるものだった。実際に外出自粛によって感染者は減ったかもしれないが、それによってできなくなったことの重さと比べてどうなのかは、議論されなかった。ワクチンは感染率を下げると言われたが（本当にそうだったのかということには疑問の声もある）、副反応によって体調が悪化する人もいれば、それによって亡くなったとされる人もいる。そのことの重みは、真摯《しんし》に受け止められたのだろうか。
そうやって感染対策が叫ばれる中で不足していたのが、一人ひとりの生や死に向き合う言葉だったようにわたしは感じた。[*3]
二〇二〇年二月末に当時の安倍晋三総理大臣が、全国すべての小学校、中学校、高等学校、特別支援学校の臨時休業を要請し、三月二日から春休みまで臨時休校になった。その後、四月上旬に緊急事態宣言が出されて、子どもたちが学校に行かない期間は延長された。もうすっかり記憶が薄れてしまったあの頃、わたしの家の近所の公園にはたくさんの子どもたちが集まって、長い時間を過ごしていた。彼ら、彼女らを見る目は、「学校に通えないかわいそうな子どもたち」か、あるいは「ステイ・ホームを守らないけしからん子どもたち」のいずれかだったように思う。
しかし彼らの生は、よそから与えられた二者択一にはおさまらないはずだ。親も祖父母も、学校や塾の先生も、役人も、学者も、政治家も、ほぼすべての大人が右往左往しながら、これまで盤石《ばんじゃく》のように見せかけられていたシステムのほとんどが機能不全になる中で、彼ら、彼女らが何を考え、何を語っていたのか、わたしたちは耳を傾けようとしなかった。彼ら、彼女らが学校から解放されることで手にした非日常に、もしかしたらかすかな希望があったのかもしれない。やがて学校は再開し、彼らの口はマスクで覆《おお》われ、彼らがあのとき発した言葉を、今溜め込んでいる言葉を、聴くことは依然としてなされていない。

このように書きながら、わたしが会うことのなかった男性のことを思う。

日本でコロナウイルスの猛威が叫ばれはじめた頃、愛知県の男性が入院先の医療機関で亡くなった。男性は亡くなる二週間前に新型コロナウイルス感染症のPCR検査で陽性と判定された。県は自宅待機の指導を行ったが、男性はその日の夜に、自分の暮らす街の飲食店を訪れ、「ウイルスをばらまいてやる」と話した。飲食店は営業自粛を余儀なくされ、また従業員にも感染者が出た。男性の死後、愛知県警は偽計業務妨害容疑で書類送検した。

その人の「他人に迷惑をかける」行動は、「おうち時間」を過ごすことへの呼びかけにあふれていた当時のワイドショーやSNSで強く非難された。それは、わたしたち自身が外に出ることをためらう力を強めた。

非難の声のやかましさの一方で、もともと重い持病を患っていた彼が、なぜ自宅待機の要請を無視して、それでも飲食店に行こうとしたのかが問われることはなかった。コロナウイルスが未知の存在だったあのとき、自分自身が感染してしまうことに感じた不安を思い返そう。未知の病に感染し、孤独に死ぬことへの抗《あらが》う意識——誰かと会って死にたい——がその男性にあったとしたら、それは〈わたし〉自身の内側にある意識とどこかで重ならないのだろうか。少なくともわたしは、同じ状況で死ぬことに直面していたら、家を飛び出し、誰かにふれたいという衝動を抱えるような気がする。匿名《とくめい》の「無責任な人間」ではなく、固有名を持った、自分だけの死に対峙《たいじ》する一人の存在として、その人を感知したとき、わたしたちは断罪したその人と、わたしだけの死／代替不可能な死に直面したもの同士、かろうじてつながることができる。

わたしはその人のことを思い、同じようにコロナウイルスへの恐怖に覆われた世界で、兄がマスクもつけずに街に出ていくことの意味を考えるようになった。街に出ていく兄は、奇異の目で見られ、ときに差別そのものの言葉をぶつけられることもある。暴力や差別に遭遇する不安の中で、兄は街に身をさらす。

そうやって街に出ていく兄の姿は、免疫やマスク、さまざまな消毒によってつくられた防御壁を乗り越えて、それでも広がっていくコロナウイルスとどこかで似ている。

コロナに翻弄《ほんろう》された世界で外に出ていく人は、わたしの身の回りには幾人かいたけれど、そのような動きをわたし自身は意味不明なもの、不合理なものとして無視していた。

しかし、それは本当に不合理なのだろうか。彼ら、彼女らのやっていることの意味を探っていくと、そこにはコロナウイルスにかぎらず、厄介者扱いされる隣人とともに生きるための知恵が潜んでいることを、わたしは理解した。[*4]

兄のしっそうを描きながら、不合理な存在として無視された人びとの生の思想を捉える。そのすべてをくみとることができるかはわからないけれど、しかし何か大事なことを手に入れることはできる。そう信じる。

それでは、はしりはじめようか。

＊1　この点について、「むすびとして」でレヴィ＝ストロースの『野生の思考』におけるチューリンガをめぐる議論とつなげながら、再びふれる。

＊2　インゴルドは、民族誌の実践と人類学の実践を分けている。前者は「物事がどのようになっているのか、その特異性を記述する」ことであり、後者は「特定の時代や場所において人の生がどのようなものであったのか、深遠な理解に基づく方法で、人生に何の未来や可能性があるのかと人びとが思索をめぐらせる場に参加すること」である（インゴルド 2017：21-22）。

＊3　レバノン出身の人類学者ガッサン・ハージは、現代人類学をけん引してきたヴィヴェイロス・デ・カストロの多自然主義の議論を参照しながら、ユートピアについての新たな展望を示す。現実を一つしか見ないものの見方において、ユートピアは実現するか否かのいずれかしかない。しかし、現実の中に潜むささやかな可能性すら、現実として捉える多現実主義の立場において、ユートピアとは、消え去った理想化された過去によって提起される空間というよりは、あるいは、いまだに存在しない未来を想像するというよりは、わたしたちが今すでに住まう、周縁化され抑圧された空間の換喩なのである（ハージ 2022：321-322）。

＊4　新型コロナウイルス感染拡大の中で、外出自粛をせずに外に出る人たちの営みの意味を探ったものとして、猪瀬（2021）がある。わたしは彼ら、彼女らをコロナの時代の野蛮人／再帰的野蛮人と呼び、その思想を探った。

編集部注

猪瀬（2020：220）と表記されているとき、猪瀬の著作（二〇二〇年刊）の二二〇頁より参照、という意味を指す。

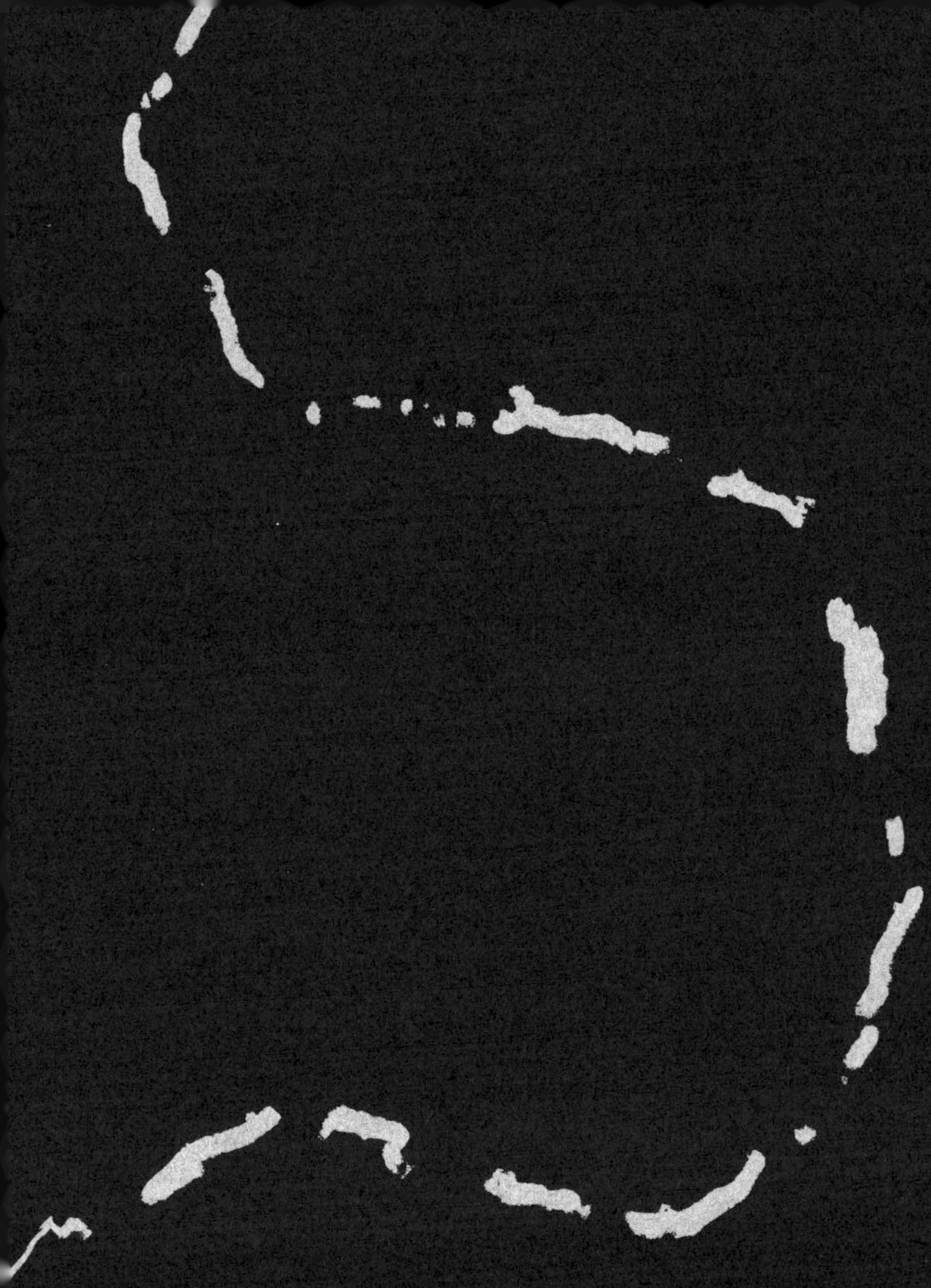

野生のしっそう

——障害、兄、そして人類学とともに

猪瀬浩平

もくじ

第一章　沈黙と声

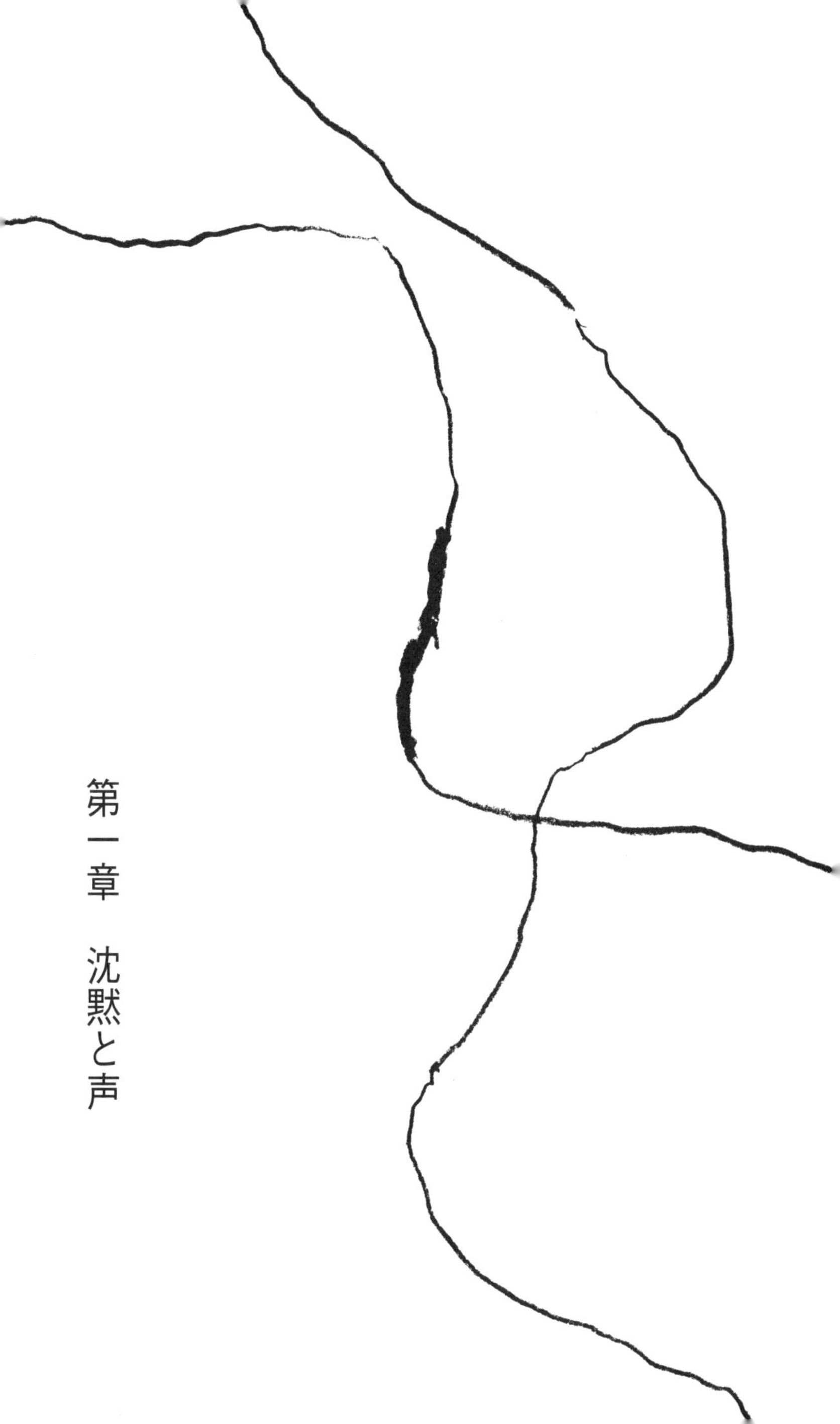

たたかわないこと、しっそうすること

新型コロナウイルスがあらわにした事柄

わたしの暮らしであるはずなのに、大切な部分は奪われている。そのことに気づいているのに、抜け出すことはできない。

それは、新型コロナウイルスが世界中に広まって一年が経つ頃、とてもわかりやすくなっていた。コロナウイルスに感染しないように気をつかう毎日は、わたしで完結するものではない。自宅の中や、休日の過ごし方まで、誰かに口出しされ、監視されているような不安を感じ、そして実際に制限されている日常。その中で、わたしたちの新たな欲望は呼び覚まされ、さらなる消費を動かすはたらきは、日々洗練された形で暮らしに浸透している。家にいながら、サブスクの動画を見て感動し、テレビやSNSで紹介された食べ物をネット通販で取り寄せる。SNSでの誰かの発言や行動を眺め、それに「いいね」を押し、「シェア」しながら、同じように自分の発言が誰かに見られていることを意識し、批判を受けないように気を配る。自分の写真や動画を発信する際には、十分距離をとっているのにわざわざアクリル板を間に置く。コロナウイルスから自分を守るだけではない。世の中から攻撃されないように、自分を守る。

このような日常は、安定した収入があり、障害のない、日本人の中年男性であれば、降って湧《わ》いた有事のように思えるかもしれない。しかし、これは今にはじまったものではない。ずっとこうだったのだ。

たとえば、障害のある人は、他人から休日の過ごし方についてしばしば口出しされる。旅行に行くこと、おしゃれな店や高級な店で外食することも、そんなことはやらなくていいと思われ、ときに実際にそう伝えられた。そもそも物理的に――行きたい店がエレベーターのない建物の、狭い階段で下っていく地下にあったとしたら、車椅子利用をする多くの人は、その店へ行くことをあきらめるだろう――あるいは心理的に――周りの目を気にして、じっとしていられない知的障害の子どもを連れて、公共交通機関で出かけるのを躊躇《ちゅうちょ》する人がいる――、口出しされる以前に、行動は制限される。福祉サービスを受給するためのペーパーワークには追われる。いつしか、周りから批判を受けないように自分の欲望を制御するようになる。同じようなことは、女性だったり、セクシュアル・マイノリティだったり外国人だったり、子どもだったり、高齢者だったり、安定した収入がなかったりすれば、さまざまな形で経験する。男たちもまた、自分たちの生きやすいようにできた仕組みの中で生きながら、それでも不自由さを抱えながら生きている。

新型コロナウイルスが世界中に広まる中で、ほとんどの人ががんじがらめであると感じるようになった。そこから抜け出すことはできない。にもかかわらず、さまざまな「妄想」――コロナは単なる風邪だ／コロナは人為的につくられたものだ／ワクチンがあればコロナは克服できる／ワクチンは危険だ……――に取り憑《つ》かれた人のことを、自分と切り離す。もちろん科学的に真実を求める姿勢は重要だ。でも、そのような「妄想」を抱く人と、それを「妄想」と決めつける人との間にそれほどの大きな距離があるのだろうか。

この世界でしっそうする

これは一つの転機になるのかもしれない。今ある世界が別の形であり得るのではないかという想像力を刺激する。そして、実際に変えていく創造力を刺激していく。

もちろん、そんなことはずっと試みられてきた、という批判はあるはずだ。この国で言えば、二〇一一年の東日本大震災と東京電力が起こした原発事故のとき、二〇一五年の安保法制の制定時、さまざまな絶望と希望が語られた。でも結局、世の中は大きく変わらなかった。新型コロナウイルスに翻弄されるこの国の体《てい》たらくは、その延長にある。

わたしが考えたいのは、別のやり方だ。それは新しいやり方ではない。ずっとやられていたけれど、それほど注目されることのなかったやり方だ。世界の不条理に対して戦いを挑み、戦いに勝つのではない。戦いを挑むこと、抵抗することへの希望をひとまず傍らにおいて、自分と世界の不調和の中で、勝つことはなかったけれどずっと負けなかったこと、あるいはそもそも戦ってもいなかったことに光を当てること、その営みの意味を掘り下げながら、わたしたちに意味あるものとして言葉を紡ぐこと、そんなことをしたい。戦っていないとは、負けているということではない。ただそれぞれの仕方で日常をよりよいものにしようと願い、生きているということだ。

それはどういうことなのだろう?

二〇二一年三月下旬のある日の夜が明ける前に、誰もが寝静まったわたしの家から兄は走り去っていった。物語はここからはじまる。

三月下旬　午前二時半に走り出す

二〇二一年三月の世界

二〇二一年、東京の桜は三月十四日に開花した。わたしの住むさいたま市では二十七日頃に満開を迎えた。

三月二十一日に、東京、埼玉、千葉、神奈川の四都県に発出されていた緊急事態宣言は解除された。新型インフルエンザ等対策特別措置法に基づき、二〇二一年一月八日に発出されたこの緊急事態宣言は、二〇二〇年四月に同法に基づいて初めて発出されたものほどの緊張を、人びとに強いることはなかった。飲食店の時短営業が実施された点のみが、人びとの印象に残った。一日あたり六万円の補償がなされたこともあり、わたしの家の周りにあった飲食店（居酒屋やスナックが多い）は時短営業要請に応じているようにわたしには見えた――あとで、家から少し離れたところにある飲食店経営者に聞いたら、そういう問題ではないと言われた。書き入れ時に客が来ないことが続くことで、商売の情熱は奪われていくと――。四都県の緊急事態宣言は、何が「緊急事態」なのかよくわからないまま、当初の二月七日では解除されず、三月七日まで延長、さらに三月二十一日まで再延長された。解除を正式に発表した三月十八日の記者会見で、当時の菅義偉《すがよしひで》総理大臣は次のように語った。

感染拡大を二度と起こしてはいけない、その決意を今回の宣言解除に当たり、改めて私自身、自らにも言い聞かせております。お一人お一人が意識を持って行動していただく中で検査を拡大し、意識を持って行動していただく中で早期にリバウンドの端緒をつかみ、ワクチンの接種により発症と重症化を抑えながら医療体制を強化していく、命と健康を守っていく、そうした対策を徹底してまいります。皆様に制約をお願いする以上、国も自治体と一丸となって、できることは全てやり抜きます。（首相官邸ホームページより）

感染拡大を二度と起こさないという決意も空《むな》しく、感染は広がった。解除後、緊急事態宣言の対象でなかった宮城や、二月二十八日に先行して解除された大阪では新規感染者が急増した。三月二十六日、日本の一日当たりの新規感染者は二〇〇〇人を再び超えた。二〇二〇年十二月にイギリスで報告された変異株が、大阪の感染者の多くを占めるようになっていた。メディアでは、桜の開花や見頃の情報とともに、花見の自粛を促《うなが》す情報が流された。総理大臣が三月十八日に感染拡大を二度と起こしてはいけないと決意したことなど、すぐに忘れてしまうか、あるいはそもそも意識にもとめられなかった。

ＩＯＣ（国際オリンピック委員会）、ＩＰＣ（国際パラリンピック委員会）、日本政府、東京都、東京二〇二〇組織委員会は、三月二十日に東京五輪への海外からの観客の受け入れを断念した。

一方、一年間延期されていた東京オリンピックの聖火リレーは、三月二十五日に福島県楢葉町《ならはまち》・広野町《ひろのまち》のＪヴィレッジを出発した。三日間をかけて福島県をまわり、二十八日から栃木県に入り、群馬、長野、岐阜へと県をまたいでいった。リレー走者と、スポンサー企業といったその取り巻きが、聖火を運んでいった。

これに先立つ、三月二十三日のＮＨＫニュースは、神奈川県相模原市《さがみはら》が東京パラリンピックの聖火の採火を、同市内にある津久井やまゆり園で行う方針であるのを報じた。三月三十一日に相模原市はこの方針を正式決定した。

この月、中国の全人代（全国人民代表大会）では香港の選挙制度が変更され、一九九七年から進む一国二制度は事実上終わった。ミャンマーでは二月に起きたクーデターに抗議する民衆に対する国軍の弾圧が続き、三月段階で死者は五〇〇人を超えた（四月に入って、さらに激しさを増した）。

兄の来訪

三月中旬にわたしは線路を挟んで西から東に引っ越した。

三月二十七日、兄が初めてこの家に泊まりに来た。数日前に「こうへいちゃんの家にいく？」と母が聞くと、兄は「いく」と答えたそうだ。十年以上前から兄は、実家の外に部屋を借りて、平日はそちらで介助者とともに過ごし、土日は家族のもとに帰る生活を続けている。

夕方、兄を迎えに行って新しい家に迎えた。

兄は少し戸惑ったようだ。わたしの前の家に行くと思っていたのだろう。家に着いてしばらくしてから、兄を入浴に誘った。わたしが服を脱ぐよりも先に、兄はいつものようにすごい勢いで服を脱ぎ、その勢いのままにドアを開けて風呂場に入った。洗い場では、先に入った長男が遊んでいた。突然風呂場に入ってきた兄の姿に驚いた彼は、大きな声をあげて泣いた。そのことに兄も驚き、混乱し、大きな声をあげた。その声が、さらに長男を不安にさせ、彼の泣き声は大きくなった。大きな声をあげている二人の姿にわたしも困りながら、しかし大きさの違う二人の顔が、やはりどこか似ていることを思った。

兄に脱衣所に戻ってもらい、落ち着かせようとしたけれど、混乱はおさまらなかった。兄は、風呂場に戻るのをかたくなに拒否した。仕方なく兄の頭とからだを洗うことをあきらめ、兄にはわたしが用意したパジャマを着てもらった。

晩ご飯の時間になると、兄の顔にも笑顔が交じった。昼間に出かけたトルコ料理屋で買ったケバブ、農園で収穫したホウレンソウの常夜鍋が食卓に並んだ。兄は缶チューハイのおかわりもして和やかな時間が流れた。みんなが食べ終わると、リビングに兄の布団を敷き、二階の寝室に自分たちの布団を敷いた。みなすぐに眠りについた。

ドアを開ける音に気づいてわたしが目覚めたのは、まだ夜が明ける前のことだ。風呂場の一件があったためか、わたしはどこかで緊張しており、眠りは浅かった。自分の寝ている部屋のドアを閉めていたのに、ガチャリガチャリという音が聞こえた。二階の寝室から玄関に降りた。玄関に靴がなかった。リビングの兄が寝ていた布団に誰もいないことを確かめて、ドアを開けた。兄の叫ぶ声が、遠くに聞こえている気がした。何事も告げず、兄はわたしの家から出ていってしまった。

桜の満開の夜に一人

桜が満開の夜であった。

新型コロナウイルス感染の第四波がささやかれはじめていた。海外からの観客の受け入れを断念し、聖火リレーは沿道に観衆を集めないためのさまざまな呼びかけがなされていた。そんな中で、聖火リレーは沿道に人を集めながら続いていた。

その春の夜に、兄はわたしの家から走り去っていった。ただ一人、沿道の声援もなく走った。どこに向かうのか、行き先も知らせずに走った。兄の大きな声が響いたためだろうか、彼が去ってしばらくあとにパトカーのサイレンが鳴っていたようだと、翌朝、妻がわたしに語った。

新型コロナウイルスとオリンピックによって、この国のガバナンスがほとんど機能していないことの象徴として、聖火リレーの暴走は続いていた。多くの人が殺され、傷つけられた津久井やまゆり園で、遺族や被害者家族の想いすらも、ましてや殺された、傷つけられた人びとの想いが想像されることもないままに、パラリンピックのための聖火採取が計画されていた。

朝が明ける前の夜道を、兄は走った。多くの人からすれば、それもまた暴走であろう。でも、この国の暴走と、それを止められないわたしたちの非力さと比べたときに、これを暴走と断じられるのだろうか。静かな夜に響いた彼の声が、この街の誰かを不安にしたのかもしれない。わたし自身も兄がいなくなったことに、不安を覚えた。それでも彼の孤独な走りが、わたしにはどこか愉快にも思えた。

兄の疾走はこの時代の空気の内側にあり、影響されながら、今のところ、大勢の流れには加担していない。マスクをつけず、ひたすらに走る。走った先に彼がどこに至ったのかは、いずれ書こう。

現代の野蛮人・カタリナの構え

世界がつながっているのを感知するのは誰なのか？

世界のあちこちで起きていることが、つながって見えることがある。新型コロナウイルスが引き起こしたパンデミックは、その世界のあちこちで起きていることの――あくまで一つの――連関がわかりやすくなった事態だ。たとえばイギリスやブラジル、インドにおける変異株の出現と、それが引き起こすこれまでと規模の違う感染爆発のニュースは、いずれわたしたちの目の前にも起こる事態として感じられた。ロンドンや、リオデジャネイロ、ニューデリーの患者や彼ら、彼女らを治療する医療従事者のことを、友人とまでは感じられないが、わたしとつながっている誰かと感じられるようになった。

ただ、ふたたび書くが、新型コロナウイルスがもたらすパンデミックは、世界のあちこちで起きていることのつながりの、あくまで一つに過ぎない。

もっと重要なことは、そこで感じられたつながりは束《つか》の間《ま》のもので、わたしたちはそれをいつの間にか忘れてしまうことだ。事実、わたしはあれだけ衝撃を受けた、二〇一一年三月の東日本大震災や東京電力の原子力発電所事故のことも、二〇二〇年四月の緊急事態宣言のことも、あるいは二〇二二年二月のロシアのウクライナ侵攻のことも、そのとき感じていたことや、そのとき起きた多くを、忘れてしまっていたことに気づく。世界は出来事に満ちあふれ、それがどのようにつながっているのかはなかなか見えてこない。

それでもつながりを見出そうとする人たちがいる。文化人類学者の中村寛《ゆたか》は、二〇〇二年の秋からニューヨークでフィールドワークをはじめた。中村は、9・11からイラク戦争にいたる時期の自分自身の経験を、一九三〇年代の吉野源三郎の経験――世界をどのように捉え、描きながら、そのただなかで生きてきたのか――と重ねて振り返る。

ドイツにおけるナチスの台頭。日本国内でのロンドン軍縮条約に反対を主張する右翼の暴力。濱口首相の暗殺。新聞の社会面で報じられる一家心中。中国に駐留する日本軍が引き起こした軍事的衝突。一見するとバラバラで連関もなく、ものによっては「どうでもよいこと」であるように見える事柄について、吉野はそれがどのようにつながっているのかを明確に把握できなかったとしても、相関関係の中で捉え、解釈し、働きかけようと試みる。

同じように中村は、ニューヨークのあちらこちらで経験したこと、夢に見たこと、テレビニュースで伝えられたこと、友人とした議論や、送信したメールを記述しながら、現実の中にあるつながりを描き出そうとする。

吉野が世の中を描く仕方と、それを支える認識論的・存在論的構えについて、中村は次のように書く。

日々の連続のなかのささいなことがら、表情の微細な肌理、人びとの所作、街のストリートの匂い、眩暈《めまい》をおぼえる一言半句、絶望の手前にある叫び――それらに応答できないのであれば、学問や知はいったいなんだろうか、とでも言っているかのようだ。そして、さらに興味深いのは、吉野が事象を外から観察し分析し得ることを前提とせず、内側で加担し、影響され、揺らぎ、生成変化するなかで、それでも「現実に喰いこんで」

見る／診る／視る／看るを試みたことである。（中村 2017 : 167）

中村が吉野に見出した、時代の渦中で観察と記述をする「構え」に、わたしはひきつけられる。イラク戦争の始まろうとする時期のニューヨークで描いた「寓話《ぐうわ》的スケッチ」で、中村は従軍経験のあるイスラエル出身の哲学研究者との対話と、反戦デモを並べ、戦地となった場所に存在する怒りや悲しみや憎悪や嗚咽《おえつ》の中で、それでも武力行使にノーと言えるのかを鋭く問う。自分自身にも、読者にも。

しかし、このような「構え」をするのは、果たして学問や知、さらに言えば知識人だけの役割なのだろうか。

少なくとも、今、世界のあちこちで起きている事柄について、そのつながりをうまく表した知識人の言葉に、わたしはまだ出会っていない。むしろ、わたしには二〇二一年三月二十八日未明の兄の疾走こそが、そのつながりを表すように感じられた。兄の疾走は、彼がこのときの世界をどう理解し、どう生きているかの「存在の現れ」そのものである。不条理な世界とたたかっているのではない。ただ、兄は走った。走ることで、彼の世界をつくりだした。そう考えるとき、中村が吉野に見出した「認識論的・存在論的構え」は、知識人だけのものではなくなる。

野生のしっそうとは、そういう問題意識の中にある。

カタリナの世界と、人類学者の饒舌

精神病は、私たちとは関わりを持たない他者の問題であるかのように扱われている。そして、臨床像には社会的な事柄や患者の主観は含まれていないため、原因を探ろうとする動機づけが存在しないのだ。家族、公共医療、制度、診断、薬剤といったあらゆる場でおこなわれる実験が人びとにとって確信的なものになる一方で、カタリナの症状の原因はこうした医学によって単に決めつけられたものにすぎなくなっていった。非人格化され、過剰投薬を受け続けるうちに、カタリナの皮膚の上にはもはや剝ぎ取ることのできない何か、人生の方向を決定づける何かが、ぴったりと貼り付いてしまった。その時私たちの脳裏に浮かぶのは、カタリナが辞書につづった声にならない問いかけである——あなたが生とはどんなものかを知るために、どうしてわたしが死ななくてはならな

いの。（ビール 2019 : 221）

文化人類学者のジョアオ・ビールは、一九九七年にブラジル南部のポルト・アレグレ市にある、「ヴィータ（VITA：ラテン語で生の意味）」と呼ばれる精神障害者の隔離施設でカタリナという女性と出会う。ポルト・アレグレ市は、ビールの育った街だ。彼はブラジル各地で、貧困層の人たちがエイズにどのように対処しているのかを調査していた。やがて彼は「人間の捨て場所」として、ヴィータを教えられ、実際にそこを訪れて衝撃を受ける。そこでは家族からも医療からも見捨てられた二〇〇人の人びとが暮らしていた。スタッフの大半がそこの入所者で、資金も設備も薬もなかった。

ほかの多くの入所者たちが寝転がったり、隅のほうで丸くなっている中、カタリナだけが動いていた。彼女はビールと彼の妻に、自分には娘がいること、それを別れた夫の上司に奪われたこと、弟たちがカタリナをここに連れてきたこと、薬づけになっていることを、固有名豊富に、とぎれとぎれに語った。支離滅裂に聞こえる彼女の語りを、ビールはヴィータのボランティアに確かめたが、「カタリナの言うことに意味はない」と片づけられた。ヴィータの状況とカタリナの姿に強烈な印象を受けたビールは、そこに通いはじめた。やがて、彼自身にある種の狂気が宿る。ビールはカタリナとの出会いと交わりの先に、彼女の来歴を探る旅に出る。彼女を診断した医者や看護師と会い、カルテを探し出す。カタリナの家族や親族、彼女の娘の養父母を探す。膨大な記録を読み、饒舌《じょうぜつ》な語りを聞きながら、カタリナが彼に語った言葉や彼女が「辞書」と呼ぶ彼女の綴ったノートの意味を探っていく。

そして、ビールはカタリナのいる世界を理解していく。カタリナの症状は、遺伝性で、年齢とともに発現する病気が原因としてあった（遺伝系疾患の専門医は、カタリナを「完全に意識清明で、これまでも現在も自分の体調を把握しており、精神疾患もほかの病気も何もみられない」と診断する）。彼女の先祖が移住した地域からもたらされたその病気は、多くは患者の貧困を理由に見出されないままあった。ネオリベラリズムによる国家の機能縮小は、病者や障害者のケアを、家族の手にゆだねた。男たちにカタリナと同様の症状が出れば、家族の女たちが世話するが、女に現れた症状は望ましくないものとされ、連れ込まれた病院で精神疾患の対象とされ、筋違いの薬物療法が試みられた。障害は重度化し、やがてカタリナは家族にも、病院にも捨てられた。捨てられた場所が、ヴィータだった。彼女の生まれながらの障害は、女性であること、貧困状態にあること、遺伝的性質を持っていることに気づいた家族の恐れによって、無視され、狂気の烙印《らくいん》が押された。彼女の元夫によって土地を奪われ、その上司によって娘を奪われた。

つまり、カタリナが最初にビールと妻に語った、一見支離滅裂な語りは、カタリナが生きていた世界そのものだったのである。

カタリナを死なせたのはわたしたちではないか

ビールの前に立ち現れたカタリナは、現代の野蛮人だった。だから、彼女の断片的な語りは、支離滅裂で意味のないものと片づけられていた。

カタリナとの出会いに触発されたビールは走り出す。そして、カタリナが現代によって死なされようとしていることを知った。ビールは、カタリナとの対話と、カタリナの「辞書」に導かれながら、彼女の存在が無意味にされていく様を描き、そのことによって彼女の生を意味あるものとして取り戻していった。それはまた、カタリナと同じように、ヴィータに生きる人びと――だから、死んでいるものと扱われた人びと――の生を意味あるものとして取り戻すことでもあった。ビールはカタリナとともにつきとめていったものを、彼女が死んだあとも繰り返し繰り返し学会で語り、論文に書き、彼女らのことをどう考えていくべきなのかを投げかけ――彼女を「いいかげん安らかに眠らせてあげないのでしょうか」と冷ややかに問いかけられながら――、一冊の本を編む。

カタリナと、ビールが突きつけるのは、カタリナたちを死なせたのは、わたしたちではないかという問いだ。抽象概念としての「社会全体」が、彼女たちを死なせたのではない。彼女たちの世界に意味など読み取ろうとしていないわたしたちが、彼女たちを死なせていく。

ビールは人類学者として、カタリナと出会い、さまざまな場所に出かけ、カタリナとゆかりのある人びとと出会い、さまざまなことを語り、書いた。気づけば人類学者の法《のり》を踰《こ》えていたのかもしれない。

しかし、ビールがそうやってあふれるように言葉を発する前に、カタリナはすでに「辞書」を書いていた。一見するとバラバラで連関もなく、「どうでもよいこと」であるとみえる事柄について、相関関係の中で捉え、解釈し、働きかけようとしていた。辞書はやがて、ノート二一冊に及んだ。そのうちの二冊はボランティアの看護師によって捨てられてしまったが、残りの一九冊はビールに託された。

黙禱と叫び　1

疾走の構え

兄が走るとき、無言のことはない。おーーーーーーーーーと叫びながら、馬のギャロップのように跳躍を繰り返して走っていく。からだは緊張しながら振動している。それでももののすごく速く走っていく。

今でもその瞬発力は衰《おとろ》えていないけれど、子どもの頃は兄が走り出してしまったら、六歳下のわたしが追いつくことなどできなかった。自分の好きなリズムの音楽が演奏されたとき、心地よい風が吹いてきたとき、すぐさま兄は走り出していく。跳躍しながら、リズムとからだを一体化させていく。

兄の中学校の卒業式の印象的な写真がある。担任に名前を呼ばれた卒業生は昇降口を出て、在校生がつくった列の間を通り抜けていく。その瞬間を写したものだ。兄は担任の先生に名前を呼ばれ、在校生の列の前を走る。学ランのホックまでしっかりととめ、肩掛けカバンを首にかけ、卒業証書を持って走る。担任の先生——この先生は兄の中学二年と三年の担任だった。兄はその先生の名前を、中学を卒業してからもうちでつぶやいていた——はうれしそうに笑い、別の先生も笑顔で彼を見ている。たぶん一年生であろう在校生たちは驚いた顔の子もいれば、笑っている子もいる。そうやって、中学生活三年間の最後を締めくくった。中学の三年間はいろいろあったはずだ。卒業したあとの進路もまだ決まっていなかった。兄は走り、中学校を卒業した。

彼が高校に入るまで六年を要した。六年は兄とわたしの歳の差である。兄とわたしは同じ年に高校に入学した。一九九四年四月のことだ。

わたしが、兄と同じ中学校を卒業するときには、兄の時代のような卒業生の見送りの行事はなくなっていた。クラス対抗の演劇祭などの学校行事も減らされていた。卒業式が終わり、教室で担任の話を聞き、クラスメートと話しながら校舎を出た。

一九八八年三月、十五歳の兄が走った。周囲の祝福と戸惑いの先には、進路をふさぐ壁とそれを乗り越えるための長いたたかいがあった。彼を理解している人もいれば、理解していない人もいた。彼に対して、冷たいまなざしを向けたり、まなざしを向けるだけでとどまらない人たちもいたはずだ。その人たちの目の前を、声をあげて走っていく。

兄は一九七九年に小学校に入学した。この年に養護学校義務化がはじまり、障害のある子は養護学校や特殊学級で学ぶことができるようになった。その一方で、地元の学校に通う障害のある子は、養護学校や特殊学級に行くことを迫られるようになった。兄と父母は地元に通うことを選び、兄はほとんど休むことなく小学校と中学校に通った。兄が学校に通い、学校から帰る。その毎日の振る舞いは、カタリナの認識論的・存在論的構えに重なる。

国が福祉の予算を削り、貧困状態にある人を切り捨てて家族にゆだねたこと、家族は男性と比べて極めて低い位置にある女性であるカタリナの世話をやめてしまったこと、その中で遺伝的な障害を負った彼女は、医療や福祉、そして家族のケアの対象とはみなされず、「狂気」の烙印が押された。そのあらわれとして隔離施設ヴィータの中でのカタリナの生はあり、それへの抗いの言葉として彼女が綴った「辞書」があった。

兄は、養護学校義務化によって地域から離れた養護学校に通うことを、教育委員会からも小学校からも迫られた。担任や同級生の保護者からも、ここにいる子ではないと言われたこともあった。そんな中で、兄は学校に通った。さまざまな出来事や事件が起きた。さまざまな対話があり、その中で人びとが抱いた思いが記録されたり――兄が中学校に通っていた時代、母はニュースレターを発行し、クラスメートや学校の先生たちに配っていた――、記憶されたりした。兄は中学を卒業し、昼の時間、ビラ配りや、牛乳パックを使った紙漉《す》きなどをしながら六年かけて定時制高校に入った。そのずっと先に、見沼《みぬま》田んぼ福祉農園で働くようになり、今は介助者の助けを受けながら暮らしている。

やまゆり、五輪

二〇二一年七月二十三日に東京オリンピックは開幕した。わたしは開会式も、競技もほとんど見なかったが、パソコンやスマホを開いても、テレビやラジオをつけても、あるいは職場の人とのメッセージのやりとりや、家族の会話でも、オリンピックのことが語られた。選手の活躍に対する好意的な反響にしろ、開催自体を問う批判的な意見にしろ、わたしのタイムラインの多くの部分をオリンピックの話題が占めた。

津久井やまゆり園で起きた殺傷事件から、二〇二一年の七月で五年が経った。オリンピックの開幕式のニュースや、競技の様子のニュースを聞きながら、五年前のリオデジャネイロオリンピックの「メダルラッシュ」で、津久井やまゆり園の事件をめぐる報道がかき消されていったことを思い出した。二〇一六年七月二十六日に事件は起き、現地時間の八月五日にオリンピックははじまった。多くの人びとの目は、選手たちの活躍に向けられた。当時の新聞の一面を振り返ってみても、凄惨《せいさん》な事件をめぐる報道は、いつの間にか屈強《くっきょう》な若者の笑顔に変わっていた。

津久井やまゆり園は一九六四年にできた。その年に開かれたオリンピックでの漕艇《そうてい》競技の地元開催と合わせて、当時の相模湖町の町長が地域振興の呼び水としてやまゆり園を誘致した。一九六五年には城山《しろやま》ダムが竣工し、その見返りによる地域開発も進んでいった。*5

事件をめぐってさまざまなことが語られた。わたしもさまざまな文章を綴った。そうやってあふれ出る言葉の意味を受け止めつつ、その傍らで感じたのは、彼らが生きていたことよりも、殺されてしまったことが意味を持ってしまうことのやるせなさだ。

メディアで発せられる犯人をめぐる論評も、わたしの周りで語られる事件をめぐる言葉も、わたしはうまく受け止めることができなかった。この事件について解説する、解釈しようとする言葉が、すべて上滑りしているように思えた。語られる言葉の中には、犯人を諭《さと》そうとする意図と反して、実は彼の思想を支えてしまっているように感じるものもあった。意思疎通ができない人は生きる価値がないという犯人の主張に対して、重度の障害のある人と意思疎通ができるのだと語るときに、では意思疎通のできない人は生きる必要がないのかと返すことができてしまう。結局、できる／できないの線をどこで引くのかという話になってしまう。

犯人と犯人を諭そうと語りかける人はいずれも饒舌に語りながら、しかしその間に意思疎通が成り立っているように、わたしには思えなかった。それはまた、〈私〉と〈他者〉との間に意思疎通が十分に行われることなど、本来できっこないということを表しているように感じられた。

事件の圧倒的な暴力とわからなさの傍らで、首にメダルをかけた若者の笑顔と、彼ら彼女らのキラキラした物語が世の中を魅了していく。だが、その物語をいくら耳にし、いくら読んだとしても、本当はメダルを手にした彼ら彼女らの何事を、わたしたちは理解できていたというのだろうか。

追悼会で叫ぶ

二〇一七年の七月下旬に、相模湖のほとりで開かれた相模ダム建設殉職《じゅんしょく》者追悼会に、兄と参加した。会場の大きなホールにたくさんの人びとが集まり、席は埋めつくされていた。

その追悼会の冒頭に、主催者が、ダム建設で亡くなった日本、中国、朝鮮の人びとに加えて、前年の七月に津久井やまゆり園で殺害された一九名の方に対するものでもあると呼びかけて、黙禱《もくとう》がささげられた。沈黙に包まれた空間で、兄は「あーーーー」と大きな声で叫んだ。右手の手のひらを皿の形にして、口の下にあて、左手の手首は右手の先端にあて、手先は左耳にあてる。そうやって自分の声を耳に響かせる、その音と震えを確かめる。

追悼会は、相模ダム建設の歴史の掘り起こしを、四十年以上にわたって取り組んできた人たちが開催したものだ。地元に根差した活動によって、追悼会は多様な党派の政治家やその関係者、さまざまな立場の在日外国人の団体の代表が参加していた。

この地域の重い歴史に向き合いながら、丁寧につくられてきた会の、もっとも厳粛な時間に、兄は叫んだ。

わたしは狼狽《ろうばい》した。何もできず、黙って目をつぶり続けた。周りの人たちから兄がここにいること、兄をここに連れてきたことを問われるのではないかという不安を強く感じた。

そんないたたまれない時間が数十秒続く先で、やがてわたしは違うことを考えはじめた。それは兄が苛立《いらだ》たしそうに叫ぶことが、兄の意思の表れではないのかということだ。二〇一六年七月二十六日に津久井やまゆり園で起きた事件について、わたしやその周囲の人を含めて、多くの人が言葉にならない想いを抱えている。しかし、それをうまく言葉にできず、あるいは言葉にしても、本当に感じたこと、考えたこととずれてしまっているように感じる。何も語れないもどかしさにとらわれている。わたしがそのことに向き合うべき時間に、兄は沈黙をやぶって叫んだ。叫ぶ兄の傍らで、わたしは言葉を重ねるのではなく、もどかしく沈黙するのでもなく、叫ぶことで表される意思のことを思った。わたしは津久井やまゆり園で起きた事件についても、相模ダムについても、言葉を並べるだけで、叫んでいないことを思った。

兄は黙禱をしなかったのではなく、叫んだのだ。そしてわたしは、叫ばなかったのだ。[*6]

黙禱と叫び　2

ともにあることができる

津久井やまゆり園事件の犯人の優生思想に対抗するため、「重度障害者にも、わたしたちと〈同じように〉心がある」「重度障害者も、意思疎通ができる」と語られる。そこには、「同じような心を持っていない人がいたら」「意思疎通ができないなら」存在する必要はないという思考が入り込むすきがある。

重要なのは、「違う／同じである」「できない／できないようだが、できる」という二分法に陥《おちい》らない方法で、さまざまなものとともに束の間にあることを語ることであり、そして犯人を含めたわたしたちの偏狭な人間観を揺さぶることである。

人類学者の久保明教《あきのり》は、人間と機械の関係について、「私たち＝人間」なるものを機械ではないものとして措定《そてい》するのではなく、むしろ人間を含む生物と機械の類比性を徹底的に認めることによって、機械と人間をめぐる既存の捉え方が拡張されていく可能性があると語る。ここで喚起されるのは、人間と機械を一定の規則に従って動くものとして捉えたうえで、そこから外れる人間的領域を根拠にして両者を比較する外在的な視点を確保することではなく、むしろ、外在的な視点を放棄したうえで人間を機械との類比性において捉えることを通じて、わたしたち自身があらかじめ予測も制御もできない仕方で生成変化していく筋道である（久保 2018：199-200）。

追悼集会で兄が叫ぶ。そのことによって、予測も制御もできない形で、わたしの情動と思考は揺さぶられ、やまゆり園事件を語る言説が見落としていたことに気づいた。ここで重要なのは、兄とわたし（たち）の、あるいは障害者（自閉症者）と健常者の思考の仕方が違うということを指摘することではない。兄の叫びを通じて、（叫ぶことができたはずなのに）叫ぶことを選択してこなかったわたしを発見し、叫ばなかったことによってわたしの思考が何にこだわっているのか見出すのである。わたしは叫ばず、そしてわたしはこの事件を頭で理解しようとしていた。そのことによって実は多くのことが理解できていなかったことに気づく。

久保は言う。計算機科学が推進してきた「人間的知性は機械で再現できる」という発想を正面から受け入れるとき、それは人間を単調なものに落とし込むことを意味しない。むしろ、機械という単調なものではないものとして人間を捉える既存の発想、その単調さを打ち破るものとして捉えることもできる（久保 2018 : 200）。それはまた、障害のある人とない人の違いではなく、本来、誰であっても意思疎通などできていないかもしれないと想定しながら、それでもともにあることができると考えることでもある。

今、わたしが思うのは、犯人の心の中に、あるいは夢の中に、彼が殺してしまった人が現れないのかということだ。犯人に贖罪《しょくざい》があるのだとしたら、それは障害者一般にではない。彼が殺した人に対してである。彼が「心失者」と断じて殺してしまった人たちと、彼が「対話」をすること、その彼自身が不可能にしてしまったことを、彼自身が願うこと、祈ることにしかない。*7

小人とともにいる世界

ガーナ南部の森林地帯にある開拓移民の村で調査した石井美保は、精霊に仕える司祭の家に居候《いそうろう》していた。精霊の社《やしろ》は司祭の家の北西の角につくられ、戸口には白い布がかけられていた。入口の地面には、交叉させた剣とガラス瓶が埋め込まれ、三叉《みつまた》になった枝の上に水を入れた黒い壺が置かれていた。軒先には、かつて生贄《いけにえ》にされたヒツジやウシの頭蓋骨が吊るされていた。社の内側は二間に分かれ、それぞれに精霊が祀られていた。奥の間には、鈴とタカラガイを吊り下げた白い幕が中央に張りめぐらされていた。来訪者の視線は、その白い幕によってさえぎられた（石井 2007：67–69）。

司祭は精霊たちだけでなく、モアティアという小人にも仕えていた。小人たちは司祭の呼び掛けに応じてやってくることも、気まぐれにやってくることもあった。石井は、奥の間で幕一枚隔てて、小人の長老たちと語った。小人たちはタバコや酒を要求したり、昔噺《むかしばなし》を語り聞かせたりした。

そうやって、白い布越しに語り合っていた小人を、石井は、二度、見てしまう。

その二回目の出会いを、石井は次のように記録する。

午前十時すぎ、ナナ・サチ（猪瀬注：司祭）がマラカスを振ってナナ・ボアフォ（猪瀬注：小人の長老）を社に呼ぶ。三回目の呼び出しで、バン！という衝撃音とともにボアフォが社に到着する。布の向こうから激しいマラカスの音。ナナ・サチは片手で布をたくし上げ、中に向かって白粉と香水のスプレーを振りかける。やがて布の向こうを覗いてみるよう、ナナがわたしをうながす。わたしは布の端から首を突っ込み、中を覗き込んだ。一メートル四方ほどの空間の中ほどに、縞模様の小さなバタカリが脱ぎ捨てられている。天井からは黒い角型の依り代が吊り下がっている。そのほかには何もない。キャラコの外に顔を出して「何も見えなかった」とナナに告げると、彼は祭壇の窪みにヒョウタンを差し入れて霊水を汲み、それをわたしのまぶたに塗りつけた。布の後ろを再び覗き込むと、部屋の隅に縞模様のバタカリを着た身長七十センチくらいのものがいる。黒い長髪（縮れ毛？）が顔から足元まで覆い、からだ全体が小刻みに揺れている。「エエ、エフィア、オピアフォ！」というナナ・ボアフォの声が、それの方から聞こえる。できるかぎり首をのばし、まじまじと見つめているわたしをナナが引き戻し、「見たか？」と訊ねる。「見ただろう。彼はそこにいるんだ」。（石井 2007：266-267）

ガーナから帰って、小人を見たこの経験を石井が話した。するとと、彼女の知人の中にも小人や河童《かっぱ》らしきものを見たことをためらいながら語ってくれる人がいた。しかし、友人たちが語る日常の裂け目が見えてしまった経験は、彼女が司祭の家で小人を見たときの感覚とは違うという。

その感覚は、よくわかる。でもそれは、ガーナの村に住んでいたときの私の感覚とは、少し違ってもいる。村の暮らしの中で、精霊や小人たちは異形の者でありながら社交的であり、妄想というには具体的でありすぎた。彼らの存在は、畑仕事や隣人同士のいざこざやサッカーの試合といった、ありとあらゆる出来事にかかわっており、生活の細部にまで浸透していた。初めのうちこそ、私もナナ・サチのトリックや自分の感覚を疑ったが、そのうちに慣れてしまった。精霊や小人たちは生活の機微と分かちがたく絡みあっているために、彼らだけを「非現実的なもの」として切りとることはおよそ不可能なのである。（石井 2019 : 21）

村で暮らしながら、そこで暮らす人びとがそうであるようにあたりまえのものとして小人を見てしまったときの感覚を、石井はサウジアラビア生まれの文化人類学者タラル・アサドの「正気の sane」という言葉で表現する。正気であろうとすることは、自分自身でその場に立ち現れた世界を受け入れながら、自己のあり方を実践的に調律していくことである。小人のいる世界を、あり得ないものと退けるのでも、自分になじみのある価値観を手放さず、ためらいがちに認めることでもない。

他者とともにいる世界

石井が小人のいる世界について語っていることは、本来、他者とともにいる世界全般のことを言っているのではないだろうか。他者の存在が意味のあるものとして見出せないのだとしたら、それはその人の他者に対する理解の不足ではなく、その人が他者と生きる世界のあり方に考えるべき問題があるのではないだろうか。

二〇一七年の四月、わたしの職場の尊敬する先輩が主催する研究会に呼ばれて、兄と三歳になろうとする長女と一緒に埼玉県の西部に出かけた。当時、次女が生まれたばかりで、わたしが長女の面倒をみることになった。兄も週末の予定がないと知り、同行してもらった。

前日は山の中にある先輩の家に泊めてもらうことになっていた。途中、長女が喜ぶだろうと動物園に寄った。シマウマやキリンを見て、アスレチックで遊んだ。兄は動物たちをそれなりに興味深そうに見ていたが、遊具で遊ぶことはなく、少し距離をとりながら、長女とわたしの様子を見守っていた。売店で昼飯を買った。兄はカレーを、わたしと長女は焼きそばとフランクフルト、三人で分けるようにフライドチキンも買った。

出発前、母親がついてこないことに機嫌を悪くしないよう、長女にはアイスをあげた。彼女はそのアイスを車の中で食べた。動物園を出る頃、自動販売機の前でその日二本目のアイスをねだり、わあわあと騒ぎはじめた。

その様子をひとしきり見ていた兄は、おもむろに自分の財布を出し、その日、兄にとっては三本目のアイスを買いはじめた。商品取り出し口の前に長女がおり、結果アイスを取るのは彼女になった。ほしかったアイスが手に入り、彼女はうれしそうに兄を見上げた。兄の顔には、「しまった」という表情が浮かんだ。二人の間に、偶発的に「やさしい伯父《おじ》さん」と「よろこぶ姪《めい》っこ」の関係が生まれた。その傍らにいたわたしは兄の困惑を見て取った。わたしは兄に了解をとって娘に一口アイスを食べさせて、残りを兄に渡した。そして、三本もアイスを食べるのはどうなのかと小言を言った。

ずっといい人なのではない。道連れになるような濃密な関係の中で、ときにいい人になる。

先輩の家に着いた。先輩の家は、その地域でもっとも標高の高いところにつくられた村の古い農家である。薪ストーブでつくった料理を食べ、薪で沸かした風呂に入った。兄はくつろぎ、長女は先輩のお連れ合いが風呂を沸かすのを手伝った。わたしと先輩、その家族、そしてそこに居合わせた人たちと酒を呑んで語った。長女は先輩の家にある、この家に昔住んでいた人の所有物らしい古い日本人形を見つけてきて、それと遊んだ。先輩が持って帰っていいと言ってくれたが、さすがにそれは断った。ビールやワインを呑まない兄は、来る途中でサワーを買うのを忘れたため、先輩からニンジンジュースをもらって飲んだ。

前日は曇天だったが、翌日は素晴らしく晴れた。山の新緑がまぶしく、そこにヤマザクラが色を添えていた。娘が起きてくると、先輩は長女に「塗り絵をしよう」と誘った。子どもがくるので、わざわざ塗り絵を用意してくれていたのかと先輩に感謝した。すると、先輩は年季の入った青い鉄製のテーブルに娘を座らせた。柚子が乗せられた皿と、コーヒーカップをどかして、その日の配布資料のコピーを出した。そして、配布資料に自分で描いたイラスト——納豆とご飯が描かれていた——に蛍光ペンで色をつけはじめた。パジャマ姿の長女は、先輩と一緒に椅子に座り色を先輩にならいながら思い思いに塗りはじめた。

あらかじめ遊び道具を用意していなくても、遊びが仕事になり、仕事が遊びになる。結果として数十枚コピーされた資料は、一つ一つ個性的なものとなった。それから、七輪にフライパンをのせて卵焼きをつくり、コーヒーを淹れ、庭にテーブルを出して朝ご飯を食べた。研究会の前のあわただしくなりがちな時間に、そこにあったのは、先輩がアフリカをはじめ、世界の各地で多様な人とともにあろうとした中で、生まれた知恵と身振りなのだ、とわたしは思った。一足早く起きて着替えも済ませた兄は、椅子に座りながらその姿を眺めていた。

研究会では、兄は終始ご機嫌だった。自由討論の時間は、発言もした。兄は立ち上がり、不愉快なときとは違う、少し高い声で「あーーーーー」と言葉を発した。参加していた人たちは彼の発言をじっくり聞き、彼はひとしきりしゃべったあとに着席した。司会をしていた先輩は、「ご発言ありがとうございます」と応えた。「障害者問題」を考える研究会ではなく、集まった人の関心は農や工芸、地域づくりにあったのだが、その中の大事な一人として障害のあると言われる人もいて、彼の発言（普通の会議では、たぶん発言とは思われず、場合によっては会の進行を妨げる「奇声」と思われたかもしれない）にみな、耳を傾けていた。

そんな「正気の sane」空気があったから、兄はご機嫌だったのだとわたしは感じる。一人ひとりの表現が、その内容も形式も多様であることを受け止めることが、まさにともにあることで、それは特別な場所ではなく、日常のそこここで発生しえるものだ。

わたしたちがこの世界で見なければならないのは、小人ではないかもしれない。それでも十分に意味がある。わたしたちがあたりまえに思っている事柄――たとえば伯父と姪の関係や、仕事や遊び、子どもと大人、声と言葉、研究会、心や理性、意思疎通、そして人間――のイメージを揺さぶりながら、自分と世界のあり方を実践的に調律していく。

＊5　拙著『分解者たち』の第七章「土地の名前は残ったか？──津久井やまゆり園事件から／へ」では、戦後の首都圏開発において、相模湖町に水源（発電源を含む）、観光施設、そして知的障害者の収容施設がつくられたことの意味についてふれている（猪瀬 2019）。

＊6　この部分の記述は、猪瀬がこれまで書いた文章をもとにして書いた（猪瀬 2019；猪瀬 2020 i）。

＊7　この部分の記述は、猪瀬がこれまで書いたことに、その後考えたことを踏まえて加筆した（猪瀬 2020 i）。

第二章　蜜柑のはしり

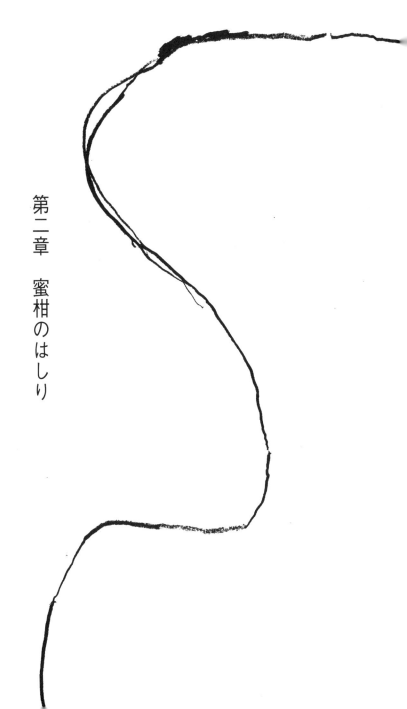

ズレと折り合い

布団の中

石井美保の言葉を手がかりにしながら、重度の知的障害のある人に心がないという世界観に対して、心の有無など問わなくても良い世界のありようを描いた。それは、小人がいないのがあたりまえの世界で、小人があたりまえにいる世界の成り立ちを描くことに重なる。違うものになった二つの世界の間で、言葉を紡ぐのが文化人類学である。その記述の成否は、言葉を紡ぐことの正気さが読み手に伝わるのかであり、二つの世界の境界を揺さぶることができるかである。「正気の sane」空気をめぐる石井美保の切実な言葉は、わたしに力を与えてくれた。

小学三年生のわたしと中学三年生の兄との出来事を、母は次のように記録している。

「コーヘーチャン」

布団の中から弟を呼びます。

「なあに」

「にいくんが呼んでるでしょ」

しぶしぶ、いや半分喜んで布団に向かう弟。良太、嬉々として布団にもぐって待つ。それからは良太が逃げ出すまで、くすぐりっこです[*8]。

兄とわたしは同じ団地の家に暮らし、毎日朝と夜に同じテーブルでご飯を食べ、畳の部屋に布団を並べて眠っていた。兄は地元の中学校に通い、わたしは兄の通った小学校に通った。その頃に兄たちは高校受験を決意した。もともと、中学を卒業したら兄を就職させようと準備していた母は、京都・奈良に修学旅行に行った兄の様子を、担任が撮影したビデオで見て、心を変える。初日、大きな声を出していた兄は、クラスメートとともに寺社を静かに見学していた。中学二年の林間学校のときとは違い、同級生に交じり笑顔ばかりを見せていた。やがて、知的障害がありながら高校進学を目指すほかの家族や、大人の障害のある人やその支援者とともに、高校や県の教育局との交渉がはじまっていく。わたしはそこに連れられていって、とても長い時間を過ごした。[*9] 兄に障害があるということは、知的障害のある人、点数が取れない人に高校の門を開こうとしていない制度とぶつかる中で、わたしにとって意味——兄は障害者であり、社会から差別されている——を強めていった。

母が書いたわたしたち兄弟の記憶は、わたしと兄の関係がどういうものであったのか、どういうものでありうるのかを、今のわたしに伝えてくれる。

宴の笑い

兄がシェアハウスのような共同住宅で暮らすようになって、数年になる。その家は広大なリビングや大きなキッチンなどスペースを共用しながら、一人ひとりが個室を持つ。障害のある人のグループホームではない。さまざまな人びとが暮らす。兄には毎日介助者が入り、身のまわりのことのサポートを受けながら暮らしている。

ある年のある週末、この共同住宅で宴会が開かれて、わたしは畑仕事の帰りに子どもを連れて参加した。この日は共同住宅のオーナーが鍋をつくり、住人だけでなく、オーナーや住人の友人たちも参加した。わたしたちが到着したときには、兄は母と二人で浦和レッズの試合を見に行っていていなかった。子どもたちは広い共有スペースで遊び、キッチン、トイレ、風呂など水回りを一周する廊下を走り回った。

そうやって宴《うたげ》が盛り上がっていくと、浦和レッズのユニフォームを着た兄が帰ってきた。玄関から入って来るなり、ソファーにどかっと座った兄は、しばらくすると、思いもよらず多くの人が集まっている状態に混乱したのだろうか、大きな声を出した。

宴は静まり、和やかな雰囲気に緊張が走った。初めて兄に会った人たちは、その姿を怪《け》訝《げん》そうに見つめた。わたしは、さてどうやってこの状況にかかわろうかと考えた。兄に静かにしてほしいと伝えながら、それとなく兄に障害があること、わたしが彼の弟であることを示そうか。

そのとき、もうずいぶん酒を呑んで酔っぱらっていた、その家のオーナーが語りはじめた。

「彼は、知らない人がいて不安になると大きな声を出すんだよね。自分の声を聞いて心を落ち着かせる。俺もちいさい頃、そうやっていたことがあるからよくわかるんだよね」

酒にゆるんだその語り口には、緊張感はない。しかし、その言葉にみんなが聞き入った。怪訝そうに兄を見ていた人たちも、納得した顔になっていた。

わずかな間をおいて、オーナーが語り続けた。

「まあ、本当のところはどうなのかわかんないけど」

そう言って笑うと、兄もウフフと笑った。

自分の行動に対するオーナーの解釈に、兄が同意したかどうかはわからない。解釈に同意しているようにも、「本当はどうかわからないけど」というところに共感しているようにも思える。いずれにしろ、そのときのオーナー——二人は同い年である——との関係に兄は好感を持っていることを感じた。

障害のある人がいると思っていない場所に、障害のある人がいる。そこで起きた出来事を、障害を理由に説明しない。自分たちと性質の異なるものとして説明するのではなく、自分と共通するものとして語る。もちろんそれが正しいのかはわからない。

その後、兄はオーナーのつくった料理やゲストが持ってきた料理を食べた。もうすでに晩飯を食べてきたはずなのだが、焼いた豚肉をバクバクと食べた。料理を持ってきた人は、その日初めて兄に会ったのだが、兄がうまそうに食べている様子を見て「おいしいでしょう？」と彼に話しかけた。

夜が更けたので、わたしは兄に声をかけ、子どもとともに自宅に戻った。この日、兄はわたしの家に泊まった。[*10]

他者を気づかう叫び

東京の多摩地区で活動する、たこの木クラブの岩橋誠治の言葉に耳を傾けよう。たこの木クラブは一九八〇年代後半に「障がいのあるなしにかかわらず、地域で共に生きることを目指し」て、活動をはじめた。子ども会を中心にする活動は、子どもたちが大きくなるにつれて、彼ら、彼女らの働く場づくりや、暮らしを支える仕組みに広がっていった。[*11]
岩橋は、長年かかわり続けている障害のある人と自分との間にある「ズレ」と「折り合い」について語る。たとえば、「行動障害」があるとされるKさんについて。[*12]
混雑した場所に行くと、Kさんは自分の前を歩く人や自分のほうに向かってくる人に対して大声で叫ぶ。初めて彼を見る人はその声に驚き、彼から遠ざかっていく。ヘルパーとして彼の傍らにいる人たちは、Kさんが起こしたこれまでのトラブルを思って、また何か起きないかと心配する。岩橋自身が同行する際も、彼に注意するとますますパニックになって声が大きくなるので、口には出さず、「落ち着いて」、「静かにして」と願いながら、ひたすら見守る。彼が叫ぶと、すれ違う人たちが怖がらないように「彼の叫びや行動になんら問題はありません」と、内心の緊張を隠しながら笑顔で追いかけていく。

そうやってKさんに行動障害があることを前提にして、周りとの接触を最小限にするための配慮をしてきた。

しかし、ある出来事をきっかけに、岩橋のKさんへの見方はがらりと変わった。

その日、Kさんはいつもと違い明らかにうれしそうな笑顔で人ごみに入っていった。いつもどおりに大声を出し、足を踏み鳴らすのだが様子が違った。混乱して大声を出しているのではなく、明らかに何らかの意図を持って叫んでいる。Kさんは人ごみに向かい、鞄を高々と上げて「わぁ~!!」と笑顔で叫んでいる。その声に道行く人は振り返るが、彼が笑顔なのを見て「びっくりしたー」と笑顔で応えて、道を開けていた。

その瞬間、岩橋は、ふだん彼が叫んでいるのは、人を驚かそうとしているのでも、パニックになっているのでも、自分を抑え切れないのでもなく、ただ単に、「自分の存在に気づいて欲しいだけかもしれない」ということを思った。

そう思うと、Kさんにかかわるさまざまなことがつながっていった。Kさんは人にふれられることを極端に嫌う、接触過敏の状態にある。だから、人ごみを歩くときは、人にふれないように、器用にからだをくねらせ鞄を頭の上に載せて移動する。周囲が彼の存在に気づけば、自分を避けてくれるので人にふれることがなくなる。だとしたら、叫ぶのは彼が人ごみを歩くための術《すべ》なのかもしれない。

さらに岩橋は、夕方にKさんが一人暮らしをしている家を訪れると、決まって電灯がすべて消されていたのを思い出す。ある日、少し早めに彼の家に着いて家の中の様子を覗いてみると、Kさんの部屋も玄関も灯りがついていた。岩橋が呼び鈴を鳴らした瞬間、灯りはすべて消されていった。岩橋はその彼の不可解な行動について、Kさんが「私のために電灯を消してくれている」という仮説を立てた。自分の家に入るとき、彼は暗い玄関に灯りをつけ、自室に灯りをつけていく。もし灯りがついていたら、岩橋も自分と同じようにパニックになるのではないか。だから、灯りを消しておこう。そのように彼がすべての灯りを消す意図を読み取った岩橋が、いつも灯りを消してくれていることのお礼を言い、暗くなるから自分のためにわざわざ消さなくて良いよと伝えると、しばらくしてから電灯をつけたまま玄関を開けてくれるようになった。

灯りをめぐる記憶は、岩橋の見方をさらに転回させる。Kさんが人ごみで大きな声をあげているのは、彼自身が誰かにふれられずに済むためではなく、周囲の人も自分と同じように接触過敏だと考えて、その人たちのために常に大きな声で叫んでいるのかもしれない。そんな彼の周りの人への配慮は誰にも気づかれることがなく、行動障害と捉えられ、周りの人が彼に配慮すべきであると考えられるようになっている、と。

大事なのは、岩橋の解釈が正しいのかではない。岩橋がKさんとの間にあるズレを自覚しながら、折り合う場を探ることであり、あるときにした解釈を転回させる、その勇気である。

しんみり話すま

岩橋の文章を読みながら、ある年の静岡旅行のことを思い出す。

二〇一三年の年の瀬が押し迫る頃に、静岡に暮らすヤマナシさんの山にみかんを採りに出かけた。ヤマナシさんは自分のみかん山をオーナー制で管理しており、わたしもオーナーになっている。ヤマナシさんのところには兄も何度か一緒に行っており、このときも兄を誘った。

着いてから、みかん山の中に建てられた小屋で囲炉裏《いろり》を囲んで昼ご飯を食べたあと、子どもたちとみかんを採った。そして、ヤマナシさんも誘い、伊豆の温泉宿に一泊することになった。宿に荷物を置くと、居酒屋で晩飯を食べ、酒を呑んだ後で、宿に戻り、温泉に入り、ヤマナシさんと兄の部屋で呑みなおそうということになった。わたしは子どもを寝かせるつもりが、子どもと一緒にアフリカの村の畑を荒らすサルを捕獲するテレビ番組に見入ってしまい、なかなか合流できなかった。

結局、ヤマナシさんと兄は三十分以上、二人で酒を呑んでいた。

わたしが部屋に入ると、浴衣に半纏《はんてん》を羽織ったヤマナシさんは厚手のパジャマを着た兄にしみじみと語りかけ、兄はそれをうなずきながら聞いていた。兄は普段は呑まないビールをグビリグビリと呑んでいた。二人とちゃぶ台を囲もうとすると、「そこは言葉を使っても伝わらないことがあるよ」とヤマナシさんが語っているのが聞こえた。兄はうなずき、右腕をまげて顔の前に持っていって、フーフーと息を吹きかけはじめた。そして、静かに鼻をほじった。やがて、ヤマナシさんは「良太と二人で語るのは、ずいぶん前に会ったのに初めてだったなあ」と兄に話しかけた。

二人がビールを呑みしんみりと話す姿は、そういうことがほとんど実現することがないままに日々が過ぎていくわたしにとって、人と人とが語り合うことの凄みをあらわしているように感じた。


「障害の有無にかかわらずだれもがあたりまえに地域で過ごす」という時の「あたりまえ」や「みんな違ってみんないい」という時の「違い」を否定する人は少ないと思います。

しかし、「あたりまえ」が「社会の常識」を当事者にあてはめる。「違ってもいい」けれど「周囲の許容範囲を超えない」という条件を基にした支援の側の勝手な「解釈」による「対応」になっている。その辺りを意識する必要があるように思います。（岩橋 2015：136）

このたこの木クラブの岩橋の言葉は、オーナーや、ヤマナシさん、そして小学三年生のときのわたしと、そのときどきの兄と、二人の周りにあった世界と折り合う。

「野生」という言葉でわたしが捉えたいものの一端が、ここにある。
このときのことを思い出しながら、金子光晴の詩を想う。

一人の友としんみり話すまもないうちに生涯は終りさうだ。
そののこり惜しさだけが霧や、こだまや、もやもやとさまよふものとなつてのこり、そ
れを名づけて、人は〝詩〟とよぶ。

金子光晴「短章（二十三篇）W」

コロナウイルスによって、親しいと思っている人たちと、しんみり話すことがほとんどできないまま、いたずらに時が経っていた。
でも、それはコロナウイルスのせいなのではなく、もともとのわたしが人と向き合う構えに、何かの思い違いがあったからなのかもしれない。恐れるのは人との間にあるズレではない。人と折り合うことなどできない、と思い込んでしまうことである。

いくつかの死と

明け方の酒

ヤマナシさんのみかん山に初めて行ったのは、二〇〇七年九月だった。あのときも、兄はゆったりと酒を呑んでいた。

ヤマナシさんの山小屋からは、駿河湾《するがわん》が見下ろせる。明け方まで続いた宴会はようやく終わり、酔いつぶれたヤマナシさんや仲間たちは囲炉裏の周りに横たわっていた。話し声は聞こえなくなったが、五十代の男たちの野太《のぶと》いいびきはあちこちで響いていた。やがてわたしは目を覚ましたが、酒もだいぶ残っているのでゴロゴロしていた。ふと見上げると前日からほとんど眠っていない兄は、胡坐《あぐら》をかいて静かに座っていた。兄は囲炉裏のほうを向きながら、おもむろに缶チューハイを開けた。わたしは、思わず「朝から酒呑むんだねえ」と声をかけた。それにつられてヤマナシさんも起きてきて、「良太にはまけられないなあ」と言い、自分も缶ビールを呑みはじめた。

宴はついに、日の出すら超えてしまった。人びとがまた話しはじめると、兄は窓際の座椅子に座り外を眺めながら、缶チューハイを呑んだ。向こう側にはみかんの木々があり、さらに先には駿河湾が広がっていた。

その年の夏、兄とわたしは母方祖父を亡くした。八十歳を過ぎても毎日日課にしていた散歩の途中で、祖父は転倒し、救急車で運ばれた。猛暑の夏だった。熱中症の診断を受け、大事には至らないとされたが、年齢も年齢なので念のために入院した。祖母からは、祖父の症状はそれほど重くはなく、すぐに退院できる、病院食も毎日残さず食べていると聞いた。だから、わたしもしばらくは見舞いに行かなかった。その頃はちょうど大学に就職した頃で、日々仕事に追われてもいた。ようやく大学の夏休みがやってきて、成績評価などの仕事も終わり、友人としこたま酒を呑み、その家に転がり込んで眠った翌朝、二日酔いの頭でようやく病院を訪ねた。

ナースステーションに行くと、祖父は一つ下の階に移動したと言われた。エレベーターで下に降りた。扉が開くと、ロビーには狼狽した祖母がいた。わたしの顔を見ると、祖母は「おじいちゃんの心臓が止まってしまったんだよ」と叫んだ。祖母に導かれて連れていかれた病室では、医者や看護師らしき人びとが祖父に心臓マッサージをしていた。ベッドの上で、祖父のからだはバタンバタンと上下しているように見えた。

すぐに家に帰れると思っていた祖父は、家に帰れぬまま息を引き取った。母には兄妹もなく、祖母と母が混乱しながら葬式の準備を進めた。

その十年前にあった父方祖父の葬儀は、大家族の祝祭に似た雰囲気があった。誰かが泣き、思い出話を語り、酒を呑み、そして笑った。父方祖父の家にずっといたわたしは、初めて親戚の人びとを身近に感じた——今思えば、その輪の中に兄がいた時間は、わたしに比べれば長くはなかった。もちろんお通夜も葬儀も参加していたけれど、その前後や合間の時間に兄がいれば、わたしにとって親族のイメージはまた違ったものになっていたのかもしれない——。

それに対して、母方祖父の葬儀は静かだった。混乱したまま通夜と葬儀が終わり、祖父は荼毘《だび》に付《ふ》された。母も兄もずっと、都内にある祖父の家で過ごし、家と仕事のある埼玉にしばらく帰ることはなかった。福祉農園に行ったわたしが野菜を持って帰ってくると、それを母は料理して、わたしたちはむしゃむしゃと食べた。荒々しい味が、生命力を与えてくれるように、わたしには感じられた。

母方祖父の葬儀の日々には、ゆったりと酒を呑む時間がなかった。

八月は遠くには出かけられないまま、九月になった。兄もどこにも出かけられなかったので、では一緒にどこかに行こうかと考えた。そして、二人で静岡のヤマナシさんのみかん山に行くことになった。

ウサギの墓

喜びの朝もある
涙の夜もある

長い人生なら
さあ陽気にいこう

陽気にいこう　どんな時でも
陽気にいこう

苦しいことは　解ってるのさ
さあ　陽気にいこう

作詞　高石ともや「陽気に行こう」

ヤマナシさんと出会ったのは、日本ボランティア学会が二〇〇三年に関西で開いた大会のときのことだ。ヤマナシさんは作業着を着て、サンダルを履いていた。大学の研究者やNPOやNGOの職員でもなく、内装屋と名乗った。なんだかよくわからない人だったが、学会関係者の宴の輪の中心にいた。その後も、さまざまな場所でヤマナシさんに会った。いつも同じ恰好だった。

北タイの少数民族ラフの村でばったりと会ったこともある。ヤマナシさんは、日本に出稼ぎに来たときに知り合った現地出身の人の案内で、地元静岡の仲間とタイ国内を回っている途中だった。そのままわたしたちのスタディ・ツアーについてきて、ミャンマー国境の村まで一緒に行った。ホテルでは気の弱い大学生のベッドを占拠し、そこで現地の人たちと深夜まで酒盛りをしていた。

それが、母方祖父が亡くなる年の二月のことだ。

兄とみかん山のある駅に着くと、ヤマナシさんは女性と二人で待っていた。彼女はヤマナシさんと長年交流のある国際NGOのスタッフだった。一時帰国中、ヤマナシさんに誘われてみかん山にやってきたそうだ。スーパーで晩飯の食材や酒を買い、大量に氷をもらった。そしていよいよみかん山の急斜面を登った。海が見え、埠頭《ふとう》が見えた。標高が二〇〇メートルを超えるあたりで、車を停めた。

みかんの木が植えられた畑を歩いていくと、山小屋があった。訪れた当時は電気が通っていなかったので、大量の氷は古い氷式冷蔵庫に入れた。海の見えるデッキで、買った刺身をつまみに酒を呑みはじめた。兄もうれしそうに海を見て、チューハイを呑んだ。そうこうするうちにヤマナシさんの仲間たちがやってきて、鍋をつくったり、たこ焼きを焼いたりした。バンマスと言われる人が、ギターとアンプを担いでやってきて、発電機を起動した。準備が整うとギターの伴奏でバンマスとヤマナシさんは歌いはじめ、ドラムも加わった。

兄はわたしとは違い、リズムに身を任せられる人である。自分の好みのリズムが流れてくると、手を振り、跳びはねて一体化する。この日も歌っている人びとの傍らに置かれた椅子に座って手を揺さぶり、ときにリズムに合わせて跳びはねながら音楽を楽しんでいた。

ザ・ナターシャー・セブンの「陽気に行こう」ではじまったフォークソングは、いつしか「私に人生と言えるものがあるなら」になった。ヤマナシさんは宴に参加する一人ひとりを指名して、曲に合わせて語るように促した。最初にNGOの女性が語り、その次にわたしが指名されて、今回、静岡までやってきたいきさつを、祖父の死とともに語った。そうやって一人ひとりが人生を語った。

ヤマナシさんと同世代の女性が語りはじめた。

彼女は、ヤマナシさんと青年団時代からの付き合いであり、わたしが名物だから食べたいといったサクラエビの天ぷらをつくるために呼び出されていた。突然呼び出してこき使うわねと話しながら、手際よく天ぷらをつくってくれた。彼女の夫もヤマナシさんの青年団時代からの仲間であり、この宴の前年の春が来る前に事故で亡くなっていた。彼女が語り終わっても、音楽は続いた。ランタンの光の中で、囲炉裏の炎を見ながら、死者を想い、酒を呑み、宴は続いた。酒に酔いつぶれた人たちがばたりばたりと寝入っていった。

兄は、最後まで起きていた。

翌日、ヤマナシさんの仲間たちが帰ったあとに、兄と二人でみかん山を案内してもらった。父親が亡くなって、ヤマナシさんがお兄さんとみかん山を半分ずつ引き継いだのが一九九三年。みかんの木は一二〇本。除草剤を使わず、草は刈払い機で刈る。刈った草は、みかんの木の周りにドーナツ状に敷く。

隣の人の畑には除草剤がまかれており、草は綺麗に枯れていた。ヤマナシさんの畑の緑が際立つ。みかんの木にはクモの巣がたくさんかかっていた。虫が多く、それを獲るクモもたくさんいる。わたしが「無農薬なんですね」となんとなく聞くと、「年に一回マシン油をかけるし、そんな簡単なことじゃないよ」と返された。草刈りは年に三回、害虫予防のためのマシン油の散布は年に一回。ほかに施肥《せひ》、剪定《せんてい》、摘果《てきか》、そして収穫、貯蔵、発送と作業は続く。みかんの木一本一本にはオーナーがおり、作業に来られる人は自分の木の収穫をする。

山小屋の入り口にはウサギの石像がある。初夏の草刈り作業中、逃げられず犠牲になってしまった子ウサギの供養のために二〇〇一年に建立されたものだ。ウサギはエンジン音に驚いて逃げることができず、回転する刃に頭を切られてしまった。ヤマナシさんは供養塔を建て、知り合いの和尚を呼んで慰霊祭を開いた。

「除草剤使ってないといったって、人間が生きていれば生き物の命を奪ってしまう」と、ヤマナシさんはわたしと兄に語った。

うつりゆく街で

それからわたしは、ヤマナシさんのところに通うようになった。

宴の翌年の三月には、ヤマナシさんはひと月前に亡くなった恩師のような人に線香をあげに埼玉まで来て、その足で目的地の数駅先にあったわたしの家に仲間と泊まった。兄や農園の仲間もやってきて、一緒に居酒屋で酒を呑んだ。故人についての語りは一言で終わり、あとはただ酒を呑み、愉快に語り合った。そのときにヤマナシさんが別れの挨拶をしに行ったのが社会教育学者で青年団運動の指導者でもある永杉喜輔――『次郎物語』の下村湖人の弟子である――だったということ、永杉とヤマナシさんに深いかかわりがあったことについて、わたしはずいぶんあとになって考えるようになった。

同じ年の五月のゴールデンウィークに、ヤマナシさんは夏みかんを持って兄とわたしの活動する福祉農園にやってきた。

その年から、わたしは毎年学生を連れてヤマナシさんのみかん山を訪問するようになり、わたしが行かなくてもみかん山に通う人びとが出てきて、数年が経った。

ある年は学生と駅に着いたら土砂降りで、作業もやれなくなったので昼間から一升瓶を開けて呑みはじめたこともあった。予定をあけてみかん山にやってきた学生たちは、着いたら作業をする気満々だったが、肩透かしにあった。でも、「自然には勝てない」ということをこれほど説得力をもって伝えることができたのは、わたしの経験にはない。

手持ち無沙汰になった学生たちに、ヤマナシさんはイェルク・ミュラーの「The Changing City」の組絵を見せた。ヨーロッパのちいさな街の二十三年間を描いたこの作品は、一九五三年にはじまる。ヤマナシさんの生まれた年だ。人びとが路地を行きかい、広場で憩《いこ》う風景を一枚目にした組絵は、一九五九年に地下鉄工事がはじまり、一九六三年に川が埋められ、一九七六年に高速道路が走る様を描いている。

わたしはみかん山への訪問を重ねるうちに、ヤマナシさんにとっての青年団運動の意味に興味を持ちはじめ、やがてヤマナシさんがかかわった石炭火力発電所の建設反対運動や、人工島開発の反対運動を知った。そして、みかん山を登る途中にいつも目に入る埠頭がずっとそこにあったわけではないこと、埠頭ができる前には渚《なぎさ》が広がっていたこと、そこはヤマナシさんら地元の子どもたちの遊び場で、毎年夏にヤマナシさんは海の子として過ごしていたことを知った。

土砂降りの中、山小屋のデッキで学生たちに見せていたのは、ヨーロッパのちいさな街の変化だけでなく、ヤマナシさんの住む街の変化だったのだということに気づいたのは、ずいぶんとあとのことだ。

いくつもの死と

中国東北、朝鮮国境の街で

ヤマナシさんは、世界各地にふらりと旅をする。みかん山を訪れた学生を訪ねて、コスタリカに出かけ、そのあと一人でニカラグアまで行ってしまったこともある。ヤマナシさんはスペイン語はほとんどしゃべれない。それでも、現地の若者と知り合い、その実家に泊めてもらい、サンディニスタ民族解放戦線に参加していた若者の父親と仲良くなったそうだ。

二〇一三年の夏、中国出身のわたしの同僚に案内してもらって、中国東北部をヤマナシさんと旅したことがある。飛行機で瀋陽《しんよう》に入り、高速鉄道でハルピンに入った。タクシーで郊外にある侵華日軍第七三一部隊罪証陳列館まで行った。建物の中では、細菌戦・毒ガス戦などのために行われた毒ガス開発や生物実験、人体実験の記録、そして人体実験によって殺された人たち一人ひとりの名前を記した展示を見た。公園の中を歩きながら、地下通路や実験に使う動物の飼育室のあとをたどった。その日は夜行電車で延辺朝鮮族自治州まで移動した。わたしたちは寝台列車のボックスシートで、陳列館を見た感想や、自分の親族――わたしの場合、二人の祖父――が経験した戦争を夜が更けるまで語り続けた。

国境の街では、日本に留学に来ていた、現地出身の学生であるケイさんが待ってくれていた。朝鮮民主主義人民共和国との国境など街の各地を歩いた。そのあと、日本統治下に日本語を覚えたという、ケイさんの親戚のおばあさんに会いに老人ホームに出かけた。おばあさんの部屋は四人の相部屋だった。こざっぱりした部屋には、少しだけトイレの匂いがしていた。隣室では、入居者たちが紙麻雀をしていた。

おばあさんはわたしたちを出迎えてくれたあと、自分のベッドに腰を掛けた。同僚がおばあさんの前に座り、聞き取りをはじめた。おばあさんは日本語でしゃべり、同僚も日本語で質問した。彼女は都市出身で日本人の通う尋常小学校に通った。日本語が得意で、日本人が経営する会社に就職した。ほかの朝鮮人や、中国人と違い、日本人と近い場所で生きた。最初はそのことに対する疑問や、不満はなかった。だが、だんだんと日本人と朝鮮人、中国人との間で配給される食糧の量と質に違いがあることを知り、疑問を感じた。そして日本の敗戦によって、母語である朝鮮語を好きにしゃべれる自由を知った。

そうやっておばあさんの話を聞いていると、同室の女性たちも語りはじめた。わたしは、同僚たちのインタビューの輪の外側にいた。わたしの傍らのベッドに座った女性の問わず語りを、現地出身のケイさんのパートナーがわたしのために日本語に翻訳してくれた。日本統治下の朝鮮で生まれた彼女は、日本語がしゃべれないため家の外に出してもらえず、十二歳の頃に国境を渡った。やがて八路軍の看護師となった。兵士だった男性と結婚するが、夫は日本軍との戦闘で戦死した……。

わたしが聞き取れたのは、彼女たちの人生の断片だけだ。その傍らに無数の死があり、圧倒的な暴力がさまざまな形で存在していた。日本と中国の戦争も、満州国の建国とそのあとの混乱も、国共内戦や朝鮮戦争、文化大革命も彼女たち自身の経験したものとしてあった。

国境の街で、おばあさんたちを訪ねた。彼女たちは親戚の娘と一緒にやってきた客人を歓待してくれて、和やかに話をした。その穏やかならざる話をヤマナシさんとじっくり聞いた。帰り際、わたしたちが見えなくなるまで見送ってくれた姿には、わたしが引き受けなければいけない何かを感じ、今も頭に残っている。

その前年、日本政府が尖閣諸島を国有化したことに抗議するデモが、中国国内や香港で行われた。瀋陽でも大きなデモがあった。国境をめぐる緊張感は高まっていた。そのことが、わたしの頭の中にあり、街を歩くときにどこか身構えていた。でもヤマナシさんはいつもの恰好で街を歩き、飯を食い、酒を呑んでいた。いつのまにか、わたしも茶を飲み、酒を呑み、語っていた。

わたしは歴史に対しても身構えていた。しかし、ヤマナシさんの身のこなしから感じたのは、身構える以前にわたしたちは歴史の中に生きているということだ。わたしの家族も、わたしの職場も、そしてわたしが暮らす地域も、その歴史の中にある。

切断と持続

この旅が終わったときに、村上春樹が中国の東北と内モンゴル自治区、モンゴル国を旅した『辺境・近境』の言葉を思い出していた。それはこんな言葉だ。

戦争の終わったあとで、日本人は戦争というものを憎み、平和を（もっと正確にいえば平和であることを）愛するようになった。我々は日本という国家を結局は破局に導いたその効率の悪さを、前近代的なものとして打破しようと努めてきた。自分の内なるものとしての非効率性の責任を追及するのではなく、それを外部から力ずくで押しつけられたものとして扱い、外科手術でもするみたいに単純に物理的に排除した。

（中略）

僕らは日本という平和な「民主国家」の中で、人間としての基本的な権利を保証されて生きているのだと信じている。でもそうなのだろうか？　表面を一皮むけば、そこにはやはり以前と同じような密閉された国家組織なり理念なりが脈々と息づいているのではあるまいか。（村上 2000 : 168-169）

当時は東京電力の福島第一原子力発電所の事故から二年しか経っておらず、国やそれにつらなる産業の密閉された体質は強く感じられていた。しかし、批判する自分がいつの間にか批判するものと同じ論理に囚われているのではないかと、自問自答することはたびたびあった。一皮むかなければならないのは、核エネルギー利用の国策共同体だけでなく、自分たちが拠《よ》り所にするもののすべてである。

下村湖人の『次郎物語』第五部は、日本が総力戦体制に入っていく中で、青年団運動が取り込まれていくプロセスを描く。次郎の恩師朝倉先生が主宰する自由主義的な理念を持った「友愛塾」は、軍部によって閉校を余儀なくされていく。作中、印象的な登場人物は大河無門である。大河は京都大学哲学科を出た二十七歳の中学教師で、青年団を経験として学ぶために友愛塾に入塾した。朝倉先生は、全国の農村から集まったほかの勤労青年たちと、経歴も見識も大きく違う大河を入塾させることを渋る。彼がほかの学生に対して指導的立場になってしまうことを危惧したからだ。それに対して、大河はほかの塾生と同列に参加することを約束し、入塾を許可された。入塾式において、臨席した陸軍の中佐は天皇への忠誠を説く。天皇への忠誠心がすべての道徳に先んじ、すべての道徳を導き育てる。天皇の命令によっていかに死ぬべきかを考えれば、おのずからいかに生きるべきかが決定される。そんな語りにほかの新入生たちが眼を輝かせ、頰を紅潮させている傍らで、大河は清澄な菩薩のように動じていなかった。

やがて二・二六事件によって軍部が力を増す中で、友愛塾は閉鎖されることになる。それに際して、大河は次のように語る。

友愛塾は、勝つとか負けるとかいうことを考えるところではないんでしょう。ぼく、それがおもしろいと思うんです。くやしがったりしちゃあ、塾の精神が台なしになるじゃありませんか。やっぱり愉快に行脚しましょうよ。(下村 2020：388)

『次郎物語』は五巻で終わり、下村が構想した戦中、戦後の次郎の姿は描かれることがなかった。大河のモデルとなった人物は、自分が農民道場を開いた村が満州への分村移民をせまられる中で、村人の「あなたと一緒だったらいく」という言葉に応えて、彼自身も移民することになる(永杉 1998：66-67)。友愛塾の閉鎖に接して、愉快に行脚することを語った大河も、やがて日本の満州進出と、総力戦体制の一つとなっていく。

わたしには大河の姿と、ヤマナシさんの姿がどこかで重なる。ヤマナシさんは大河が進んだ道の先で、中国東北を旅したようにも感じる。青年団も戦争に協力したと断じることも、時代遅れの遺物と断じることも容易い。だから新しい組織をつくることもできる。ただ、それだけが答えなのかとわたしは考える。持続することは、過去と向き合うことであり、未来を拓くことにもなるはずだ。

ヤマナシさんは『次郎物語』の第五部を座右の書としながら、青年団OBとして地域に生きてきた。高校を卒業し、工務店に就職したのと同時に青年団に入団した。それ以降、寝ても覚めても活動に打ち込み、その地元の仲間と年中付き合っていた。二十代半ばになって引退することになると、その仲間たちとの関係が途絶えてしまう。「俺はこれからどうなるの?」という不安の中、青年団の先輩の紹介で出会ったのが、下村湖人の弟子永杉喜輔だった。永杉は、下村の次の言葉を、ヤマナシさんに伝えた。曰く、「青年団OBは、地域の良心となれ」「名前は売るな、コツコツやれ」「新しい組織をつくるな。地域の中にきちんとした人がたくさんになっていけば、今のままの組織でも、良い社会ができる」。それまでヤマナシさんは、青年団の役割は、若い衆が祭の準備など、仲良く活動することで地元に貢献することだと考えていた。青年団の名もなきOBが地域の良心になるという下村の思想は、ヤマナシさんをひきつけ、やがて青年団が生み出した濃密な地域共同体の外へ導く。*13

兄の涙

中国を案内してくれた同僚や、ケイさんたちとみかん山に行ったのは、二〇一三年の十月のことだ。わたしは妻と兄、わたしの幼馴染のチシマ君と一緒に出かけた。妻の車がみかん山の麓《ふもと》に着いたのはもう夜だった。*14 車で暗くなった山を登り、小屋に着いてランタンに灯りをともし、囲炉裏で火をたいた。酒を呑みはじめたが、朝方まで呑むことはなく眠りについた。

翌日は朝起きて、コーヒーを淹れ、囲炉裏でバケットを焼いて食べてから、お昼までみんなで作業をした。刈払い機で草を刈り、熊手で草を集めてみかんの木の周りに敷いた。兄は妻と一緒に肥料やりの作業をした。休憩の際、まだ青いみかんを採って食べた。酸っぱさが、疲れたからだに心地よかった。

作業が終わり、遅い昼ご飯に、少し離れた街にあるヤマナシさんの行きつけの店で魚を食べようということになった。ヤマナシさんの車、同僚の車、妻の車の三台で東に向かった。海沿いを走ると、富士山が近づいてきた。雲は少しあったが、きれいに晴れた午後だった。

後部座席に座っていた兄が泣きはじめたのは、そのときのことだ。それまで愉快そうに過ごしていたのに、悲しみを全身にあらわしながら涙を流した。兄がわたしの前で泣くのは、本当に久しぶりのことだった。わたしは戸惑い、チシマ君と一緒に兄をなだめ、理由を尋ねたけれど、兄は泣くのをやめなかった。

やがて工場群を抜けて、店に着く頃に兄は泣き止んでいた。刺身を食べ、キンメダイの煮つけを食べた。ヤマナシさんや、チシマ君を中心にした話の輪ができて、兄も愉快そうに過ごしていた。食べ終わって、写真をとり、そしてヤマナシさんや同僚、若者たちと握手をして別れた。

埼玉に戻る途中、母からの電話で、兄と十年来の仕事仲間であるニシさんが亡くなったのを知った。

対面とリモート

わたしたちはどんなふうに「対面」できているのだろうか?

二〇二〇年の春、新型コロナウイルスによって、大学のキャンパスに学生たちが来られないようになり、オンラインで授業が行われはじめた。「オンライン授業」との対比で使われるようになったのが、「対面授業」という言葉だ。

その言葉に、わたしにはずっと違和感がある。

多くの人びとは「対面」と言うとき、視覚のみを重視している。さらに言えば、視覚情報に囚われてしまいやすい。

父方祖父の臨終のとき、大事だったのは視覚ではなく、触覚や聴覚だった。

もう危ないと言われてかけつけた病室で、わたしは父に言いつけられて、祖父の足の裏をさわり、マッサージをしていた。祖父にとってどういう意味があったのかわからなかったが、わたしには祖父の硬くなった足の裏に、まだかすかな熱を感じることができた。わたしはより柔らかいところを探し、そこを揉んだ。モニター上の数値で、心拍数が止まろうとするとき、祖母は祖父の耳に、彼の名前を呼びかけた。わたしたちの前で、祖母はずっと「おじいちゃん」や「お父さん」と呼んでいた。下の名前で呼ばれたとき、祖父の心拍は一瞬上昇した。そうやって祖父が亡くなる瞬間、一瞬だけ心拍が上がったことを、最後に声が届いたと考えて、祖母はとても喜んでいた。

ただ対面しているからといって、それで満たされるわけではない。

母方祖父の臨終のとき、わたしは祖母とその場にいた。あまりに突然のことで何もできず、一方で心臓マッサージをいつまで続けるのかどうかの判断を迫られた。その意味がわからないまま、祖母とわたしはマッサージをやめる決断をした。あのとき、本当にわずかでもいいから、医師たちがわたしたちに心臓マッサージするのを許してくれていたならば、祖父のからだにふれ、その熱を感じ、祖父の匂いと、病室の匂いを身近で嗅ぐことができたならば、もっとわたしたちは祖父の死を受け止められたのだろう。

対面する場面を構成するのは、視覚で捉えられる情報だけではない。触覚や聴覚、嗅覚で捉えられる事柄について、「対面授業」という言葉を使うわたしたちはどれだけ意識できているのだろうか。そもそも新型コロナウイルスがありふれたものになる前から、わたしたちはどんなふうに対面していたのだろうか。対面できていたのだろうか。問うべきなのは、まさにそのことだ。

リモートの死

ニシさんの死を、わたしたちはリモートで経験した。

ヤマナシさんのみかん山からの帰り道、わたしは母の電話でニシさんが亡くなったことを知らされた。電話のあと、わたしは兄にも、妻にも、チシマ君にもニシさんの死のことをすぐには話さなかった。ニシさんが亡くなったことを考えながら、チシマ君や妻とさまざまにおしゃべりをした。埼玉に着いて、チシマ君のお気に入りのラーメンチェーンで、ネギ味噌ラーメンとギョーザ、半ライスセットを食べた。チシマ君がトイレに行っている間に、妻と兄にニシさんが亡くなったことを伝えた。チシマ君とニシさんが深い間柄にあることを、そのときわたしは知らなかった。*15

兄とチシマ君をそれぞれの家まで送ったあと、妻と兄の涙のことを語った。ニシさんの死にあたり、距離を隔てながらも、兄は何かを感じて泣いたように、わたしたちには思われた。ニシさんの死と、兄の涙に因果関係があるのかはわからない。もしかしたら、直接的原因は別にあったのかもしれない。ただ、わたしたちにとっては、兄の泣き声を聴き、その涙を見たからこそ、あの時間、離れた場所でニシさんが亡くなったことはリアルだった。亡くなったニシさんは最後に兄にふれていったのかもしれないし、そうでないのかもしれない。しかし、確実に兄の涙を介して、ニシさんはわたしたちにふれていったのだと感じた。

ニシさんは、兄が受験し、不合格にされ続けた高校の生徒だった。その高校の定時制には、兄の受け入れのために奔走する先生がいた。兄はその高校に自主通学し、その先生が顧問をしている放送部の活動に参加した。ニシさんは放送部の部員だった。

わたしとニシさんが初めて会ったのは、たぶん東京の公園にある野球場でのことだ。小学校六年生だったわたしは、母と兄、妹と一緒に、高校野球の試合を初めて観戦した。定時制の軟式野球の全国大会で、ニシさんと兄が通う高校は、奈良の高校と対戦していた。全日制の応援団がエールを送り、放送部はカメラを回していた。試合は奈良の高校が完封勝ちした。

兄はニシさんの通う高校の門をたたき、四年間落とされ続けた。わたしがその高校の全日制に入学するとき、兄は別の高校に入学することになった。ニシさんはすでに高校を卒業し、就職していた。兄がウクレレづくりをはじめる頃に、ニシさんはウクレレづくりの仲間に加わっていた。その頃、わたしは大学生になっており、大阪から帰省すると兄たちが働く作業所の活動に顔を出すようになった。

ニシさんは、ウクレレづくりでは、ルーターややすりがけが得意だった。願望や妄想を事実として語る人で、聞く人は彼の話をそのまま受け止めてしまい、さまざまな形で混乱を引き起こした。几帳面で、責任感の強い人で、誰にも言われていないのに、いつも副リーダーを自称していた。饒舌で、みんなを引っ張っていこうとするニシさんと、基本的にあまりしゃべらず、ときに大きな声を出す兄は、長い間仕事仲間だった。ウクレレづくりが、それを担っていたスタッフの死によってできなくなったあとも、紙漉きや、見沼田んぼ福祉農園での農作業へと仕事の中身を変えながらともに働いていた。いったんニシさん自身が活動から距離をおくことがあっても、また戻ってきてくれた。

名刺の手触り

わたしが大学三年生の頃、埼玉の障害者運動の仲間たちが、全国の障害者団体と交流する事業をした。その訪問先の一つに大阪が選ばれ、そのメンバーとしてニシさんとわたしも参加した。当時わたしは大阪の大学に通っており、少しだけ土地勘があった。

初日の夜、地元の方々との話が盛り上がり、ホームステイ先の大阪南部の障害者運動団体の拠点に到着したのは、予定時間を大幅に過ぎたあとだった。その団体のリーダーで、青い芝の会の頃からの障害者運動の闘士でもあった人に、わたしたちはきつくお灸《きゅう》をすえられた。みんな平身低頭する中で、ニシさんが敢然《かんぜん》と「そんなこと言ったって、こっちはこっちで予定があったのだから」と逆ギレした。酔っぱらって時間を忘れただけで、えらそうに言える予定など何もなかったのだが、ニシさんの剣幕に闘士は一瞬ひるみ、そのままなし崩し的に場はほぐれ、最終的にはまた酒盛りになった。

その旅の中で出会った人びとに、ニシさんは紙漉き作業でつくった名刺を渡した。牛乳パックをリサイクルした和紙に、自分の名前が書かれていた。

彼にもらった名刺は、しっとりとした絹のような手触りだった。それを、わたしは生まれて初めて買った百円ショップの名刺入れにしまった。当時のわたしは、一枚一枚の名刺をもらいながら、自分の世界が広がることを感じていた。手で漉かれたやわらかい名刺は、端がよれよれになりつつ、わたしの名刺入れの中で生々しい存在感を持った。

ニシさんはやがてジャグリングを習得し、見沼田んぼ福祉農園でイベントがあると自分の自己紹介と挨拶のあとでジャグリングを披露するようになった。

決してうまくはなかった。むしろ、ひどいものだった。ニシさんは自信満々でマイクを握り、「今からジャグリングをやります」と語った。回しはじめたそばから、三つのボールはあちこちに飛んでいった。それでも彼はボールを拾い、またボールを回しはじめ、またボールはあちこちに飛んでいった。それを一通り繰り返したあと、自信満々で「これで終わります」と語った。度の強い眼鏡の中の瞳を光らせながら、彼が自信満々に語る姿と、あちこち飛び回っていくボールのコントラストが、毎回爆笑を誘った。自身のジャグリングがうまくいっていると思っているのか、それともうまくいっていないからみんなにうけていると思っているのか、そのことを確かめたことはない。

いつしかニシさんの真剣なジャグリングは、福祉農園のイベントの定番になった。

ニシさんのお通夜には、彼と縁のあったさまざまな人びとが参列した。懐かしい顔にも出会い、さまざまに会話をした。祭壇にはニシさんの日記が飾られ、そこにはこの年の夏にわたしの大学の学生たちと一緒に農作業をしたこともしっかりと書かれていた。斎場には、彼の好きだったジャイアンツの球団歌が繰り返し流れていた。

わたしはニシさんからもらった名刺を探した。四回の引っ越しを経て、あちこちに移動したため名刺入れは、部屋のどこを探しても見つからなかった。

わたしは、ニシさんにゆかりのある人たちに声をかけて、彼の追悼文章をつくりはじめた。ゆかりのあるさまざまな人が文章を寄せてくれた。それを丸一日かけて編集した。ニシさんとずっと働いてきたわたしの母が印刷し、偲《しの》ぶ会で配った。偲ぶ会には、県内からだけでなく、さまざまな場所から人びとが集まり、思い出話を語り合った。

どこかにいってしまった名刺と、その手触りの記憶は、わたしを走らせた。わたしはニシさんのことをさまざまな形で語り、今も書き続けている。

神経多様性を内側にみる

文学研究者にして、詩人であり、そして自閉症の息子を持つラルフ・ジェームズ・サヴァリーズは、自閉症者たちと小説を読み、その経験を『嗅ぐ文学、動く言葉、感じる読書』として著している（サヴァリーズ 2021）。彼がこの本で提示するのは、神経多様性（ニューロダイバーシティ）という概念だ。

これまでの自閉症者に対する理解は、発達心理学者のサイモン・バロン＝コーエンの「マインド・ブラインドネス理論」に代表されるように、「他者の心の中に存在するものに対する気づきを発達させる」ことができないという見方や、「他者への共感能力に欠ける」という見方が一般的である。この見方を踏まえれば、自閉症者は論説文を理解できたとしても、登場人物への共感や、その内面への想像力を必要とする小説を読むのは苦手ということになる。

このような一般的な自閉症者への理解に対して、サヴァリーズは脳科学の最新の議論を参照しながら、むしろ自閉症者は他者への、共感力が過剰であるのだとする——共感の対象は、人間だけには限らない。たとえば自閉症者は生物でないものを、擬人化することが得意な人もいる――。サヴァリーズは、自閉症者はものを考える際に異常なほど後頭部の感覚野に頼っており、逆にニューロティピカル（神経学的な定常発達者）は異常なほど前頭葉に頼っているという研究成果や、自閉症者は情緒的共感が過多であり、そのため共感の過覚醒に陥りやすく、その影響で認知的、運動的共感が困難となり、結果として実際よりも共感的でなく見えてしまうといった研究成果を紹介する。

サヴァリーズは息子を含めた六人の自閉症者と小説を読み、対話した。実際に顔を合わせての対話が難しかったり、住んでいる場所が遠かったりするときは、オンライン会議システムを使ったビデオ通話や、チャットを使う場合もあれば、作品にかかわる記念館に一緒に旅することもあった。そうやって、サヴァリーズは、たとえば彼らの細部へのこだわりが、日常の生活の場面でカテゴリー的な理解を困難にさせている一方――メルヴィルの『白鯨』を読んだあと、実物の木造捕鯨船を目のあたりにしたとき、ある人はマストや帆といった船の主要な要素と見られるものばかりでなく、船板の木目すらも意識してしまう――で、小説の読解においては物事の通俗的な理解を超えて、小説家が駆使するアナロジーに感覚的に共感できてしまう様を描き出す。

サヴァリーズの本を読みながら、自閉症の診断を受けている兄の、あのときの涙が何を理由にしていたのかを想像する。ニシさんの死が同時間帯にあったことにわたしは注目したが、もしかしたらヤマナシさんと別れたことが理由だったのかもしれないし、海が見えなくなっていくことや、富士山の姿を見たからなのかもしれない。さまざまな出来事が起こる世界のただなかで、涙は自ずから流れる。涙を流したことも一つの出来事と理解されていく。

それはまた、わたしの涙や怒りがただ一つの刺激によって生まれるのではなく、この世界の中でさまざまなものと、出来事とともにある中で生まれていることに通じる。けれど、わたしたちはそのことを忘れて、カテゴリーに押し込めて理解してしまう。サヴァリーズのいう神経多様性は、自閉症者への理解を深めるだけでなく、わたしたち自身の理解を深めるものであると、わたしは考える。

たとえば「授業」を考えるとき、多くの場合知識の伝達や習得にのみ焦点を置き、そのための最適な方法を考える。もちろんその視線は妥当である。妥当であるが、「授業」という時間の中でわたしたちが何をしていたのか、そこに何が存在していたのか、そのことは見過ごされてしまう。

さらに言えば、オンラインで実施されるものの中にも、これまでの「知識の伝達や習得」

を超えた新しい学びの形は存在していた。わたしの授業を受けている学生が、いつも部活の練習の前後の移動途中に、スマホで授業を受講していると語っていた。そうやって車内で起こっている事柄と、車窓に広がっている世界の中で、たとえば哲学やスペイン語の授業を聴いていることを受け入れ、そこに有意な結びつきが生まれるとしたら、その先にどんな世界が開かれていくのだろうか。

兄が涙を流し、ニシさんが亡くなった。わたしたちはラーメンを食べ、そして二つの出来事がつながっているように感じた。そうやって理解しながら、なくなっていったものをかろうじてわたしたちの世界につなぎとめようとしている。それはあくまでかりそめのものので、かならずどこかで、わたしたちの手をすり抜けていってしまう。

夏みかんのしっそう

夏みかんと旅する

二〇二一年の五月の初旬、ヤマナシさんは、夏みかん（甘夏）とともに、見沼田んぼ福祉農園にやってきた。新緑のまぶしい頃だ。軽バンの荷台には、夏みかんが詰められた三〇キログラム用の米袋が十数個積まれていた。

農園に行く前日、ヤマナシさんと、みかん山の仲間であるヒロシさんはわたしの家に泊まった。静岡からわたしの家に向かう途中、すでに二軒、夏みかんの配達をしていた。各家で、昼飯やお茶やお菓子の歓待を受けた。

わが家では兄も合流し、一緒に晩飯を食べた。兄がうちにやってきたのは、二〇二一年三月のあのしっそう以来初めてのことだ。兄は愉快そうに時を過ごし、夜が更けるとヤマナシさん、ヒロシさんと枕を並べて寝た。

この日の兄は、どこかに行ってしまうこともなかった。

翌日、農園にやってきた人びとに夏みかんを配った。ヤマナシさんと再会する人も、初めて会う人もいた。ヤマナシさんは、いつも土曜日に農園にやってくるアイザワさんや、兄を迎えに来たわたしの母とおしゃべりをし、ヒロシさんは子どもたちと一緒に山椒の実を摘んだ。アイザワさんにみかん山に遊びに来なよと誘い、ヤマナシさんとヒロシさんは農園を去り、次の目的地に向かった。

ヤマナシさんの車にわたしも同乗した。インターチェンジまで誘導し、そのまま東北道にのって、北上した。途中で、わたしもハンドルを握った。その日の最終目的地は福島の猪苗代《いなわしろ》だった。そこにある、「はじまりの美術館」のスタッフのたっちゃんは、かつて福祉農園でボランティアをしていた。彼もヤマナシさんと付き合いがあり、静岡や埼玉、そして北タイなどでヤマナシさんと交流していた。

美術館に夏みかんを届け、展示を鑑賞した。美術館では企画展「(た)よりあい、(た)よりあう。」が開かれており、全盲の写真家シラトリさんが美術館に滞在していた。ヤマナシさんは、シラトリさんにも夏みかんを手渡し、長いこと話し込んでいた。ヤマナシさんは、シラトリさんにも、たっちゃんと一緒にみかん山に来なよと誘っていた。

ヤマナシさんは、そうやって夏みかんを介したかりそめの出会いから、縁を紡いでいく。

翌日、ヤマナシさんとヒロシさんは山形に向かった。少し早い昼ご飯の時間、ヤマナシさんとヒロシさんはじゃんけんをして運転手を決めた。勝ったヒロシさんはビールを呑んだ。わたしは、猪苗代の道の駅でヤマナシさんと別れた。

その後、ヤマナシさんとヒロシさんは、夏みかんとともに青森まで走り、フェリーに乗って北海道に渡った。各地の縁者に夏みかんを配りながら、最終的には網走《あばしり》に到達した。そして苫小牧《とまこまい》からフェリーに乗って大洗《おおあらい》まで渡り、静岡へ帰った。

静岡を出て、静岡に戻るまで一週間の夏みかん配達ツアーだった。軽バンの走行距離は、二三〇〇キロを超えた。

二〇二〇年春、緊急事態宣言下の風景[*16]

その一年前のことだ。

二〇二〇年三月十三日に成立した新型コロナウイルスの特別措置法に基づく措置として、同年四月七日当時の安倍総理は、東京、神奈川、埼玉、千葉、大阪、兵庫、福岡の七都府県に緊急事態宣言を行い、四月十六日には対象を全国に拡大した。

同日、新型コロナウイルス感染症対策本部の議論を踏まえて、安倍総理は以下のように発言した。

今後ゴールデンウィークに向けて、全ての都道府県において、不要不急の帰省や旅行など都道府県をまたいで人が移動することを、まん延防止の観点から絶対に避けるよう、住民の方々に促していただくようお願いします。また、域内の観光施設等に人が集中するおそれがあるときは、施設に対して入場者の制限を求めるなど、適切な対応をとるようお願いいたします。繰り返しになりますが、この緊急事態を五月六日までの残りの期間で終えるためには、最低七割、極力八割の接触削減を何としても実現しなければなりません。国民の皆様には御不便をおかけしておりますが、更なる感染拡大を防止するため、引き続きの御協力を何卒よろしくお願いいたします。（首相官邸ホームページより）

緊急事態宣言の拡大を受けて、各都道府県知事が住民に対して外出自粛を要請できるようになった。四月十六日には各地の知事は対策会議を開き、通院や買い出し、通勤などをのぞいた外出の自粛や、都道府県の境をまたいだ移動の自粛を呼びかけた。[*17]ゴールデンウィーク（四月二十九日〜五月六日）が近づく中で、全国の高速道路株式会社は、国土交通省から新型コロナウイルス感染拡大防止をはかるための都道府県をまたぐ移動の自粛に向けた取り組みについての依頼を受け、ゴールデンウィーク期間中、休日割引の適用除外、サービスエリア・パーキングエリアにおける営業自粛などを行うとともに、テレビやラジオ、公式WEBサイトを通じて「不要不急の都道府県をまたぐ移動の自粛」を呼びかけた。[*18]

高速道路の交通量は、大幅に減少した。中日本高速道路が五月二十一日に発表した五月一日〜十七日の管内高速道路の交通量（速報値）は、前年同期比五七パーセント減と、二〇〇五年の道路公団民営化以来最大の下げ幅となった。長距離移動の自粛が要請された影響がはっきりと出た。平日は三三パーセント、休日は七三パーセントの減少だった。また、多くの自治体で緊急事態宣言が解除された十四日までは五八パーセント、解除後の十五〜十七日も五六パーセント減少だった。[*19]

緊急事態宣言は予定の五月六日には解除されず、さらに延長された。五月十四日に政府は、北海道、東京、埼玉、千葉、神奈川、大阪、京都、兵庫以外の地域で緊急事態宣言を解除した。五月二十一日には京都、大阪、兵庫、五月二十五日にようやく残る東京、神奈川、埼玉、千葉、北海道が解除された。

交換と贈与

ヤマナシさんは、毎年五月に自分の山で採れた夏みかんを自分の友人・知人に配達し、その家に泊めてもらいながら交流してきた。

夏みかんは彼の父が植え、世話をしてきたもので、一九九三年に父が亡くなってからヤマナシさんが世話をしてきた。仕事を引退するまではゴールデンウィークに、六十代になって引退してからは車が混むのでゴールデンウィーク後に配達した。

夏みかんは販売するのではない。さまざまな縁でヤマナシさんがめぐりあった人をみかん山の「出張所長」と決め、その人に夏みかんを届け（贈与し）、その代わりに一宿一飯に与かり、夜遅くまで酒を呑む。わたしが活動する福祉農園には二〇〇八年にやってきて、そのときは一緒にキャンプをし、夏みかんを絞ったジュースで蒸留酒を割って、夜遅くまで呑み語った。農園で彼と交流した人が、冬の温州みかんの収穫のために、彼のみかん山を訪ねていくこともあった。

父親からみかん山を相続してから、ヤマナシさんは温州みかんも、夏みかんも市場に出してこなかった。みかん山の半分を引き継いだ兄は、父と同じように収穫したみかんを農協を通じて市場に出荷した。

一方、ヤマナシさんは、温州みかんをトラストで維持してきた。一本一本の木にオーナーを募り、十二月、一月の収穫作業はオーナーが行う。ヤマナシさんが草取りや、剪定、施肥、摘果など日頃の面倒をみる。オーナーには、ヤマナシさんの青年団時代の活動や、青年団OBとしてかかわった同人誌の活動などを通じてめぐりあった、全国各地の人びとがなった。父親から相続した時点で年間五トンあまりとれた温州みかんは、市場を経由せずに流通するようになった。*20

夏みかんは地元の仲間の力を借りて収穫する。温州みかんが、ヤマナシさんの暮らす山小屋の周りに生えているのに対し、夏みかんは離れた場所にある。車道までの作業路は急こう配で、収穫した夏みかんをあげるのは重労働だ。高いところになっている夏みかんは、木に登って収穫する。収量はだいたい一トンになる。

土蔵で長期保存する温州みかんと比較し、夏みかんは保存がきかない。それを、ヤマナシさんは、米袋に入れて、全国の出張所長に配る。ある年は西日本に向かい、ある年は北日本に向かう。そうやって、夏みかんを介してこれまでのつながりをたどっていく。

二〇二〇年の春、全国に緊急事態宣言が出されている中、ヤマナシさんは夏みかんの配達をした。県境をまたぎ、北陸や首都圏の知り合いのところにみかんを運び、訪問先に泊めてもらって交流した。コロナウイルスを心配する人には、夏みかんを渡すだけにした。同行した仲間は、車のナンバーがその地域のものでないことを見られていると感じてびくびくしたこともあったそうだが、ヤマナシさんは気にしていなかったそうだ。

高速道路には自家用車はほとんどなく、渋滞は起きず、移動はスムーズだった。

こうして、夏みかんは、その年も各地の出張所長に届けられた。

切れ目の攪乱《かくらん》

新型コロナウイルスに直面する社会には、さまざまなところに切れ目が入る。ソーシャル・ディスタンスが大事と言われ、わたしたちは他者との間に距離をとった。ウイルスが体内に入り込まないように、体内にあるウイルスをまき散らさないように、マスクをつけた。国境や、(国によっては)都市と都市との境界は閉鎖された。日本政府が二〇二〇年四月に出した緊急事態宣言は、都道府県の境界に切れ目を入れた。

そこで入れられた切れ目は、実は新しいものばかりではない。新しく入れられた切れ目のようでありながら、実はもともとあった切れ目をなぞっていることもある。たとえば、経済や社会をまわすために役に立つものと、とるに足らないもの。エッセンシャルワークと、それ以外のもの。障害のある人と、障害のない人。日本人と外国人……。普段多くの人にとっては破線としか感じられなかったものが、このときは誰もがわかる実線になる。でも、そのことを気に留める人は多くはない。

ヤマナシさんは、みかんを販売し、市場に出荷する農家ではない。トラストでみかん山を維持している点を思い起こそう。

緊急事態宣言下でも、流通業にかかわる人びとは休まずに都道府県の境界を越えて、各地の農産物を運び続けていた。

市場出荷しないヤマナシさんが、夏みかんを出張所長に配達するのは、それと何が違うのだろうか。彼が配達しなければ、長期保存ができない夏みかんは彼の山で腐る。であれば、夏みかんがヤマナシさんに運ばせているようにも見える。緊急事態宣言下のこの配達に眉をひそめることは、市場流通ではなく、贈与のためにみかんを生産する営みをとるに足らないものとする。実際、販売をしていないヤマナシさんのみかんの生産量は、市場経済の諸指標では把握されることがない。

ここにおいて、実は市場流通／贈与という切れ目が、あらかじめ引かれている。新型コロナウイルスはそれをなぞるように、機能しているに過ぎない。夏みかんを運ぶことによって、彼のからだは夏みかんを生産し、緊急事態宣言下でわざわざ運んだものとして受け止められる。

新型コロナウイルスがありふれたものになった世界で、夏みかんとともに、ヤマナシさんはしっそうする。かつてめぐりあった人びととの、ゆるやかなつながりをたどりながら。

感染拡大という緊急事態に対応するために政府や専門家が考えた規制が、その規制とからまりながら生み出されていくわたしたちの思考が、どこかでもともとあった切れ目――差別や排除といってもいいかもしれない――をなぞっていることを露わにし、その切れ目を揺るがせていく。

贈与のレッスン

ありがた迷惑がつくりだす

ヤマナシさんから配達される夏みかんは、三〇キロ用の米袋一袋分である。十数キロを超える。一家で食べる量をはるかに超える。早く食べないと腐ってしまう。だから、夏みかんをもらった人は、それをまた誰かに配る。わたしはそれを家族や福祉農園の仲間に配り、職場の人びとに配った。同じように一袋配達された友人は、子どもの幼稚園のママ友に配り、生協の配達員にも配ったそうだ。

贈与が贈与を生み、何事かを人に語らしめる。そういうやりとりを通じて、人と人とのつながりを深めたり、これまでになかった関係性が生まれたりする。たとえば、誕生日にすらプレゼントのやりとりをしていない親族に、夏みかんを贈る。職場ではいつもお土産をもらっているばかりのわたしが、お土産を持っていく側になる。スーパーなどで買ったのと違い、皮にところどころ傷がついていて、決して綺麗ではない夏みかんには、来歴の説明も必要だ。ヤマナシさんとつながっていない人に、この夏みかんは何かを説明するため、ヤマナシさんのことやみかん山のことを話す。このようにたくさんの夏みかんは、もらった人びとがもともと持っていたつながりをなぞり、新たなつながりを生み出していく。

人と夏みかんとは融け合う。夏みかんは、それを育てたヤマナシさんや仲間たち、みかん山とそこに生きる生き物たち、それを運ぶ軽バンやそこで出会った人びとと、途切れなくつながっていく。コロナウイルスの感染に対する防備が進み、人と人との距離が離れてしまった世界の中でも、人と人との間に夏みかんが伝播し、コロナウイルスがつくった世界とは別種の世界をつくりあげていく。

二〇二一年五月に夏みかんを運んで訪れた猪苗代の夜、このありがた迷惑ということが大事なんですよねとわたしが聞くと、ヤマナシさんはそうだよなあと言って、ガハハハッと笑った。

夏みかんの全体的給付の体系

ヤマナシさんと夏みかんは、文化人類学の古典であるマルセル・モースの『贈与論』を思い起こさせる。

自分の必要以上に手に入れたものや、いらなくなったものにわたしたちは困惑する。それを、まずは市場を通じて売ろうと考える。今はメルカリやAmazon、ブックオフがあって、余ったもの、使わなくなったものを売るのはとてもスマートになった。わたしたちはいらなくなったものを処分し、対価を得る。ただし、そのやりとりによって、対価以外を得ることは期待していない。むしろ対価以外のものが含まれないように、さまざまな処理をする。もともとそれを持っていた人の痕跡はぬぐい取られる。本への書き込みは、それを書いた人にとってどんな意味を持っていたとしても、価値（＝値段）を下げる要素でしかなくなる。

それを、捨てようとも考える。断捨離ブームや片づけブームが起こっていることも、そのものと自分が持っていたつながりを断ち切ることであり（近藤麻理恵が編み出した「こんまり®メソッド」は、ときめかなくなったかどうかが判断基準である。それは、端的にそのものとのつながりを感じなくなったとも言い換えられるだろう)、自分の痕跡ごとそのものを捨ててしまうことだ。

モースは、市場を介した交換／売買のほかにも、もののやりとりをする術があることを語る。モースは次のように書いている。

人類のなかには、比較的豊かであり、勤勉であり、たくさんの剰余物をつくりだしていながら、わたしたちに馴染みのあるものとは異なる形態のもとで、また異なる理由によって、大量の物品を交換する術を知っていた、そして今でも知っている、人々がいるのだ。(モース 2014 : 196)

そういった人びとにおいて、財や富や生産物が、個人と個人とが交わす取引の中でただ単純に交換されるなどということはない。もののやりとりをし、義務を負い、契約を交わすのは、個人ではなく集団である。集団が交換するのは財や富だけではない。動産や不動産、経済的な有用性のあるものだけではない。交換されるのは、礼儀作法にかなった振る舞いであり、饗宴《きょうえん》であり、儀礼であり、女性であり、子どもであり、踊りであり、祝祭であり、祭市である。贈与に含まれるすべてのことを、モースは「全体的給付の体系」と呼ぶ（モース 2014：67–68）。

ヤマナシさんの夏みかん配達ツアーも、単に夏みかんが配達されるわけではない。そこにはごちそうがあり、宴会があり、昔話や世間話がある。ヤマナシさんと夏みかんの来訪にあわせて、近所にいる人たちが集まってくる。もらったたくさんの夏みかんは、自分とつながっている人びとにまた渡されていく。ヤマナシさんや夏みかんと出会った人が、今度はみかん山を訪ねていくこともある。夏みかんの木を管理する人がいて、夏みかんを収穫する人がいる。夏みかんが多くの人に食べられていくことによって、夏みかんを介して、夏みかんを育てる労働も、夏みかんが育つ山もつながっていく。

そんな全体的給付の体系がある。

贈与の毒

贈与は煩《わずら》わしいものである。

ありがた迷惑なことは、迷惑なことでもある。

コロナの状況で夏みかんが来ることに戸惑う人もいただろう。ヤマナシさんの一宿一飯は必ずしも、出張所長の家に居候するのではなく、ホテルなど宿泊施設を使うこともある。そもそも泊めることが可能な家ばかりではない。たくさんの夏みかんをもらって、途方にくれる人もいるだろう。それに比べれば、メルカリもこんまりも、はるかにスマートに見える。

モース自身も、贈与には危険な力があることに注目している。たとえばゲルマン語系の言語では、ギフト gift という言葉に「贈り物」と「毒」の二つの意味がある（モース 2014 : 37, 386–389）。もてなしを受けたときに出された酒や食事に、毒が盛られている危険がある。そこまでいかなくても、手を洗わずに料理をつくって出すとか、気分良く飲ませて酔いつぶすとか、何か悪意が込められていることもあるかもしれない。誰かが手作りした食べ物に、不安を感じる人もいるだろう。

贈与は、ときめきと不安の間で揺れ動く。うまくいけば喜びや、信頼につながるが、悲しみや、不信、蔑《さげす》みにもつながる。ときに、送り主と、受け手との間に支配と従属の関係をもたらすこともある。

ありがた迷惑な行為は、実はとても繊細な気遣いの中にあるとも言える。加減をまちがえば、ありがたさそのものになり、崇拝や神格化の対象になる（「○○さんは神のような人だ」）。加減をまちがえば、迷惑そのものになり、批判と炎上の対象になる。

わたしの身近なある人は、圧倒的な贈与の人である。

お歳暮の時期や、お中元の時期、子どもの誕生や身内が入院したときなど、菓子折りや箱におさめられた果物をくれる。福祉農園に若者たちが手伝いに来た際も、高級なお菓子を差し入れてくれた。決して、裕福なわけではない。そうやって贈り物にお金を使いすぎてしまうと、日々の食費を切り詰めたりする。

その人に返礼すると——たとえば食事をごちそうしたりすると——、今度はさらに高額なお返しがくる。そのため、もうお土産は要りませんよと何度も言っているのだが、終わることはない。わたしだけでなく、その人にかかわりのある人たちが、さまざまに贈与をされている。いただくばかりなのが心苦しく、値段のわかりにくい、そして実用性の高いものをプレゼントして渡すなど、いろいろ知恵を絞る。それも根本的な解決にはならず、またときが来ればその人から贈り物をいただく。ずっとうしろめたさは残る。

そうやって悶々と考え続けながら、あるときに気がついた。

大事なのは、その人が満足する返礼品を贈ることではない。それによって、自分の負い目やうしろめたさを解消させてしまったら、わたしはその人よりも優位な位置に立ってしまう。むしろ大事なのは、その人がそうやって誰かに贈与をし続けなければいけないと感じる、負い目や傷の〈途方もなさ〉を想起し、そのことが何か正確に把握もできず、何もできない自分のうしろめたさを見つめることである。[*21] そうした先に、初めてその人と同じ方向で世界を振り返ることができる。同じものを見るのとは違う。その人とわたしのつながりと、その人とわたしの立ち位置を見定めて、何ができるのかを悩む。かろうじてできるのは、それだけだ。

古典ヒンドゥー法を手がかりに、モースも次のように語る。

贈り物というのは、したがって、与えなくてはならないものであり、受け取らなくてはならないものであり、しかもそうでありながら、もらうと危険なものなのである。それというのも、与えられる物それ自体が双方的なつながりをつくりだすからであり、このつながりは取り消すことができないからである。（モース 2014 : 369）

かろうじてできることを、途切れないように続ける。そうやってほころびを繕《つくろ》い、しがらみを編みなおしていく。[*22]

ジャガイモと旅する

ヤマナシさんの夏みかんツアーに触発されたわたしは、二〇二一年の六月に福祉農園で収穫したジャガイモと旅をした。

毎年ジャガイモとタマネギは、仲間たちで食べる量以上にできる。以前は、夏に二〇人以上の人間が農園に一週間にわたって泊まり込んで作業をするキャンプをしていたので、ある程度は消費できていた。だが、年を重ねる中でだんだんとキャンプの参加者も日数も減っていった。コロナになってからはキャンプだけでなく、そもそもみんなで煮炊きをして飯を食うことがなくなっていった。

だから、例年以上に野菜はあまる。つるして乾燥させて保存するタマネギと違い、ジャガイモはプラスチック・カートンの中で、やがて芽が出て、腐っていく。

そんなジャガイモとタマネギを段ボール二箱に詰めた。ひと箱にはニンニクも入れた。それを車に載せた。普段は電車で通勤しているのだが、その日は車で職場に向かった。ボランティアセンターに持っていき、来室する学生に配った。事務の人に配り、授業で会った学生に配った。オンライン授業の学生にアナウンスを出し、教員同士のメーリングリストにも学生へのアナウンスをお願いした。すごく喜んで、カレーをつくるのだと言って持ち帰る人もいたが、とりあえず受け取っていくかという感じの人もいた。ありがた迷惑だと思った人もいるのだろう。そのありがた迷惑さこそが、もしかしたら「贈与」ということを教えるには、教科書以上に意味のある手がかりかもしれない、と思う。

帰り道、以前わたしの授業を受けていたニトウさんを訪ねて、ジャガイモとタマネギを届けた。彼女とスタッフはわたしに晩ご飯を用意してくれており、わたしは彼女の活動の様子を聞いた。「ステイ・ホーム」が叫ばれていた二〇二〇年の四月、彼女は東京の繁華街の路上で、安全に過ごせる居場所のない若い女性たちが立ち寄り、さまざまな物資や情報を手に入れるバスカフェの活動をしていた。*23 そのことをわたしはネット記事や、本人とのオンライン通話を通じて知ってはいたが、実際に顔を合わせて、同じ空気を吸いながら、話を聞くと、感じること、考えさせられることが多くあった。大人の男としてこの社会にある自分のことを見つめざるをえなかった。帰り道、ニトウさんに問いかけられた言葉を反《はん》芻《すう》しながら、車を走らせた。カーステレオから流れてくるラジオのつくり手のほとんどが、男であることの意味を考えた。

週末農園に行くと、彼女から聞き、感じたことを、福祉農園の仲間に伝えた。わたしは彼女にジャガイモとタマネギを贈り、うどんをすすりながら話を聞いた。彼女はわたしに何事かを託し、それをわたしは自分の周りの人びとに伝えようとした。ジャガイモとタマネギは、福祉農園と大学やさまざまな場をつなぎながら、物語るべきものを生み出し、全体的給付の体系を広げていく。それはまた、当初のもくろみどおりにはいかず、ほころびがあり、だから思わぬことを深く考えさせられる。

冬には大量にできる里芋とヤツガシラを持って、また各地を旅した。わたしだけでなく、農園の仲間も里芋とヤツガシラを持って出かけていった。

そんな話を、山口県の宇部で鶏を飼っている若い友人であるタカタさんにした。すると彼女から、「わたしも春になって増えてきた卵（ここ数日なかなか売り切れない）を軽バンに載せて、近所をまわろうと思い立ったのでした」というメッセージをもらった。[*24]

＊8　兄が中学生時代、母が発行し、同級生や中学校の先生などに配っていたニューズレターからの引用。

＊9　このあたりについての詳細は、『分解者たち』の五章、六章をお読みいただきたい（猪瀬 2019）。

＊10　宴のエピソード、および次のたこの木クラブをめぐる記述は、猪瀬（2023）と重なる。この論文では批判的障害学をめぐる議論を手がかりに、さらなる考察を加えている。

＊11　たこの木クラブについては、三井さよ・児玉雄大が編集した『支援のてまえで――たこの木クラブと多摩の四〇年』をお読みいただきたい（三井・児玉 2020）。

＊12　以下の記述は、岩橋の文章を参照（岩橋 2015）。ちなみに、岩橋の文章の最後には彼が長年かかわったある人とのとても深刻なズレについて語られている。そのズレにいかに岩橋たちが向きあったのかは、ぜひ本文をご確認いただきたい。

＊13　このあたりの記述は、猪瀬がかつて書いた文章と重なっている（猪瀬 2010）。

＊14　チシマ君は、拙著『ボランティアってなんだっけ？』の重要な登場人物でもある（猪瀬 2020 ii）。

＊15　ニシさんの死のあとの、チシマ君が独走し、実現させてしまった伊豆旅行については、拙著『ボランティアってなんだっけ？』を参照（猪瀬 2020 ii）。この節の文章を書きながら、わたしが「ボランティア」という言葉について考えていることと、「しっそう」という言葉で考えていることが重なっているということに気づいた。

*16 これ以降の記述は、わたしが書いた「コロナの時代の野蛮人——分解の人類学に向けて」『社会人類学年報』の記述によっている（猪瀬 2021）。ここでは、ヤマナシさんと夏みかんのことだけでなく、緊急事態宣言中の福祉農園のことや、わたしとかかわりの深い、障害のある人の暮らしのことから議論を展開している。学術雑誌に掲載した論文なので理屈っぽく、少し読みにくいかもしれないが、『分解者たち』（猪瀬 2019）の議論を深めたものでもあるので、関心を持たれた方はご一読いただければありがたい。

*17 朝日新聞のデータベースによれば、「県をまたぐ移動」の自粛が求められたのは、四月十六日に緊急事態宣言が全国に拡大されて以降のことである。

*18 中日本高速道路株式会社ホームページを参照（https://www.c-nexco.co.jp/corporate/pressroom/news_release/4792.html）。

*19 読売新聞二〇二〇年五月二十二日中部朝刊を参照。

*20 このあたりの文章を推敲しつつ、藤原辰史の『縁食論——孤食と共食のあいだ』を再読した（藤原 2020）。以下の言葉が印象に残った。

縁とは、人間と人間の深くて重いつながり、という意味ではなく、単に、めぐりあわせ、という意味である。じつはとてもあっさりした言葉だ。めぐりあわせであるから、明日はもう会えないかもしれない。場合によっては、縁食が縁となって恋人になったり、家族になったりするかもしれないが、いずれにしても、人間の「へり」であり「ふち」であるものが、ある場所の同じ時間に停泊しているにすぎない。これは「共存」と表現すると仰々《ぎょうぎょう》しい。むしろ「並存」の

ほうがよい。（藤原 2020 : 27）

縁食という言葉で、藤原が書いていることは、ヤマナシさんと、出張所長との関係にも通じる。どこかでめぐりあった人と、夏みかんを通じてつながる。一晩を愉快に過ごし、去っていく。そこにはべったりとした、持続的な責任はなく、ただ一宿一飯の恩義のみがある。さらに言えば、ヤマナシさんとみかんは共存しており、そしてそのみかんー人間が、各地で何かと共存している人間たちと、かりそめに並存している。

＊21 うしろめたさについては、松村圭一郎『うしろめたさの人類学』も参照されたい（松村 2017）。松村は、うしろめたさが構築していく世界の展望を示したが、わたしはその松村の言葉を受け取りながら、それを言い換え、言い添えながら、また次の人に託そうとしている。

＊22 「しがらみを編みなおす」という言葉は、埼玉県の越谷市・春日部市で活動するわらじの会の、山下浩志の言葉だ（山下 2010）。しがらみを断ち切って自由になるのではない。しがらみをそのままあきらめて受け入れるのではない。しがらみを編みなおす。いつしかまたそれがしがらみになる。それを延々と繰り返していく。そのことが地域に生きるということであろう。この言葉と、藤原辰史の「分解」という言葉につながりを感じたのが、わたしが『分解者たち』を書いた一つのきっかけである（猪瀬 2019）。

＊23 彼女の活動については、仁藤夢乃編著（2022）、および一般社団法人 Colabo のホームページ（https://colabo-official.net/）をお読みいただきたい。

＊24 わたしは、農園でたくさんできたネギをたくさんタカタさんに送った。すると、彼

女は六〇個ほどの卵を送ってくれた。週末、私はそれを農園に持っていき、仲間と山分けした。お菓子づくりを趣味にしているエイエイさんにはたくさん卵を渡したら、彼女はシフォンケーキをつくって、平日農園で作業をしているわたしの兄や、その仲間たちにお裾分けした。その様子は写真になって、山口のタカタさんに送られた。タカタさんの活動については、楠クリーン村のホームページ（https://kousakutai.net/）をお読みいただきたい。

第三章　世界を攪乱する、世界を構築する

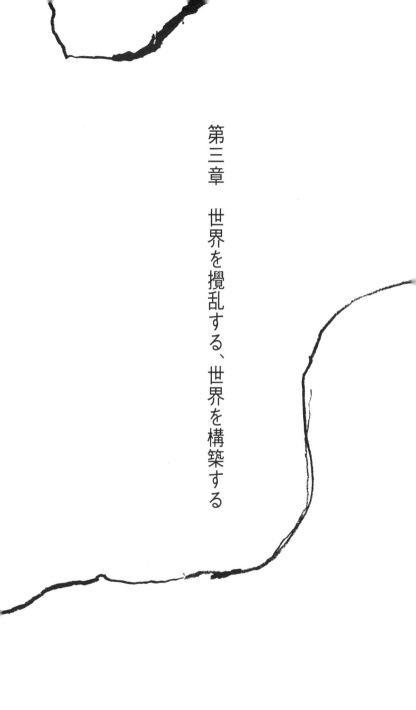

ボランティアのはじまり

日本ボランティア学会のこと

かつて、日本ボランティア学会という学会があった。一九九八年に出された設立趣意書は、以下のような言葉ではじまる。

私たちは今、これまで日本を支えてきた社会システムと価値システムが崩壊する混迷の時代を生きています。とりわけ社会システムは「制度疲労」をきたし、政治、経済、文化、生活のあらゆる分野で機能不全の状態に陥っています。

このような時代状況にあって、私たちは、人間社会の基底をなすサブシステンス（自律的生存）領域の活動をいかに協働して回復し、再構築するか、という問いに導かれて混迷を抜け出す新しい回路を発見していきたいと考えています。日本は官主導の社会が終焉を迎え、普通の人々も公益の担い手であるという新しい公共性の考え方が根を張ろうとしています。そのなかで、私たちはボランティアの役割について新しい評価をしていきたいと考えます。ボランティアこそ、人間の自律性と協働性を新たに構築する実践であり、その実践のなかに未来をひらく新しい回路があるにちがいないからです。

わたしは、農業、農村についての師匠と言えるコマツさんに誘われてこの学会に参加した。最初に発表したのは二〇〇三年の大阪の大会で、ここで初めてヤマナシさんに出会った。二〇〇六年から、わたしはこの学会の運営委員をし、年次大会を二度企画した。一度目は二〇一〇年で、二度目は二〇一二年のことだ。間はたった二年しかない。それだけ企画する人がいなかった。研究者の再生産を目的としないこの学会は、代表のクリハラさんを中心とする自由なサークルのような場であり、営業時間外の居酒屋や、ＮＰＯが管理する施設なども使いながら、自由な議論の場が持たれた。年次大会も、全国各地の大学や市民活動団体と協働で企画した。その事務局を担う人びとの負担は大きく、それが解散を決断する原因となった。継続することを目的とせず、すっぱりとやめてしまうことができたのも、この学会の持っていた一つの魅力だったと、わたしは思っている。

今、改めて設立趣意書を読むと、無償性や自発性といった言い古された言葉に頼らずに、ボランティアの持つ可能性を広げようとする意志に、心が震える。

東京の果て、東北のはじまり

わたしが企画した一度目の大会は、わたしの勤務する大学の都心にあるキャンパスで実施した。大学の外にもいくつか会場をおきつつ、基本的には設備の整った大学の施設がメイン会場だった。大学もさまざまな形でサポートしてくれた。

二度目はわたしが引っ越すことになった（といっても隣の駅なのだが）、埼玉の街で実施した。こちらは、本当につぎはぎだらけの大会だった。最初、農園でお世話になっている地元の財界人に、駅近くのイベント会場が押さえられると言われた。会場の申し込みは三カ月前からなので、それまでは黙って待っていれば大丈夫、と。大会実施日から三カ月以上前のある日、その人から電話があり、施設の予約は実は半年前からで、すでに会場は他の団体に押さえられていてダメだと伝えられた。メイン会場すらなくなった。仕方なく、あちこちに電話したが二日間通しで押さえられるところはなく、なんとか半日だけとれた美術館の講義室や、わたしの卒業した学校の同窓会館、建築中だったわたしの家すらも会場にした。

　東日本大震災と原発事故が起きた二〇一一年の翌年に、埼玉の街でボランティア学会をすることを考え、学会のテーマは「東京の果て、東北のはじまり――境界を生き抜く」とした。[*25]福祉農園とも長年交流のある、宮城県で稲作と牛飼いをする農家や、福祉農園にも参加する障害者団体「わらじの会」や地元ロータリークラブの人びとがスピーカーとして参加した。

　兄は介助者のカリヤサキさんと一緒に、オープニングパフォーマンスをやった。カリヤサキさんは、「こまどり社」を名乗りよろず表現稼業（獅子舞《ししまい》から、音楽活動、早くて安くて似ていない似顔絵、漫画など、よろず表現活動）をしている。[*26]兄とカリヤサキさんは、「きょうせいする」というタイトルで、お互いの関係を二人自身がパフォーマンスする、立体的な構造のライブ紙芝居をした。兄が銅鑼《どら》を叩いてはじまったパフォーマンスは、紙芝居の片方をカリヤサキさんが、もう片方を兄が持ったり、兄がマイクを持ってカリヤサキさんが紙芝居を持ったり、その逆になったり、ときに会場内を歩き回りながら行われた。このとき、カリヤサキさんは指をケガしており、兄が彼のパフォーマンスを補助している場面もあった。

介助する―されるという関係は、一筋縄ではいかない。兄の意思をどのように読み取るのか、そして周りの人びととどのように折り合いをつけるのか思案する必要がある。当時の兄は電車に乗る際、座席に座ることに対する強いこだわりがあり、ときには座っている人をおしのけて座ってしまうこともあった。カリヤサキさんは、どこにあいている席があるのかを見極め、兄をそこに誘導する。その誘導に従ってくれないこともある。一方で、カリヤサキさんの行きたいレコード屋や音楽イベントに、兄を連れていったりもする。兄は突然大きな声をあげ、跳びはねる。カリヤサキさんはそこに兄のダンスを読み取り、音楽ライブでダンスする自分とつなげ、自分と兄がのっていくリズムの違いを見出していく。そんなことを、アドリブ交じりに語っているうちに時間は大幅に超過し、結果として用意していた紙芝居のすべてを演じることもできなかったのだが、会場からは大喝采を浴びた。

未完成の家で住み開く[*27]

二日間の年次大会の最後まで、兄は付き合ってくれた。

初日の懇親会の三次会のラーメン屋まで付き合い、当時わたしの暮らしていた家で、遠方からやってきたゲストたち（その中には、ヤマナシさんもいた）や、宿をとらずにやってきた若者たちと雑魚寝《ざこね》した。

翌日、兄は建築中の家で開かれた分科会に参加していた。分科会では、日常編集家（現在は文化活動家に改称）のアサダワタルさんのコーディネートのもとで、ジャンルに分類が難しいさまざまな活動を実践している、鳥取、大阪、京都、山梨、埼玉、宮城で活動する二十代から三十代の人びとが語った。壁もまだできていない家の中の様子は筒抜けで、商店街を歩く人びとはその様子を眺めていた。ヤマナシさんは、若者たちの知恵袋として参加してもらった。にもかかわらず、分科会がはじまっても近くの店でビールを呑んでいた。やがてやってきて足場パイプに登り、そこに腰かけた。会場を見下ろし、若者たちの話を聞いていた。最後にコメントを求められたヤマナシさんは上機嫌に、「なかなかほんといいよ、おまえたち。たいしたもんだよ」と語った。兄は会場に座ったあと、外に出て商店街を行き来し、近くの建物の階段に腰をおろした。

分科会が終わると参加者は、駅の構内を西口から東口に抜けて、高校の同窓会館に向かった。二つの分科会のまとめをし、大会全体の締めくくりをした。企画者だったわたしは、まとめの言葉の一部として次のようなことを語った。

この高校は、わたしの母校であるとともに、兄が受験し、そして四年間にわたって不合格にされた学校です。四年目の受験は、わたしの受験の年と重なりました。全日制を受けたわたしは合格し、定時制を受けた兄は不合格となりました。自分の合格を確認した数日後、同じ掲示板で、わたしは兄の不合格を確認しました。校内の公衆電話に一〇円を入れて、実家にいた父に兄の不合格の報告をしました。合格した受験生の名前を張り出す掲示板こそが、わたしと兄の〈境界〉でした。

どんな進路になるのかは、個人の選択の結果であり、どこであってもそこに青春があり、出会いがあります。ただ大事なのは、その一見「あたりまえなこと」の背後に、人を恣意的な基準で分断し、それを納得させていく管理のシステムが存在することです。そして、そのシステムを揺さぶっていく端緒は、生々しい感情であり、身体感覚です。「こうこう、いく」と兄が言い続けることが、兄弟を、家族を、高校を、教育を、そして社会を揺さぶり、それまでと違う回路で、人と人、人とものごとを結び付けていきました。

二日間の会が終わった。人びとは駅に向かって帰っていった。わたしは最後までやり切れるのかわからない仕事がようやく終わって、疲れ切っていた。解放感につつまれながら片づけをはじめようとしているときに、兄がいなくなっていたのに気づいた。

大会の終わり、ボランティアのはじまり

日本ボランティア学会の設立趣意書は、次の言葉で結ばれる。

一人ひとりの人間が批判的かつ創造的にものを見る能力を身につけ、世界の現実を必然的なものでなく、人間の力で動かしていけるものであることを知る。ここから未来の希望が生まれてくると思います。

わたしを含めた多くの人は、ここで語られる「一人ひとりの人間」を知的障害のない人として無意識に読んでいないだろうか。「一人ひとりの人間」とは、ボランティアをする人間である。知的障害のある人は、知的障害のない人にボランティアをされる側であって、誰かにボランティアをする側ではない。そう思っていたとしたら、「一人ひとりの人間」に知的障害のある人は含まれないだろう。そうは思っていなかったとしても、では知的障害のある人を、批判的かつ創造的にものを見る能力を身につける人として捉えているのだろうか。

大会が終わって帰る人の流れにのって、兄はどこかに行ってしまったようだ。兄を見かけた人がいないか、声をかけ、走り回ったが、兄の去っていくことに気づいた人はいなかった。多くの人が、会が終わるまで兄が会場にいて、椅子に座っていたのを意識していた。しかし、いついなくなったのか、把握している人はいなかった。

二日間、いつでもいなくなるタイミングはあったのに、最後まで付き合ってくれたことに、兄の意思を感じた。兄は弟の仕事に付き合い、その最後の言葉がなんとか絞り出される瞬間を見届け、そしていなくなった。

こういうときにやれることはあまりない。わたしは母に連絡し、会場の片づけをし、スタッフの人びとと打ち上げをした。夜になって兄が見つかったという警察からの連絡があったと、母から電話をもらった。

兄が見つかったのは、わたしが働く大学のキャンパスがある横浜の街だった。兄はなぜか、ターミナルでないその駅で降りて、街を歩いていた。彼がその街にやってきたことはない。縁があるとしたら、弟が働いていることの一点である。

疲れ切ったうえに酒を呑んでいたわたしは、そうやって兄が職場のある街を見に行ってくれたように感じた。

今、そのときのことを振り返り、そこにこそ、あの大会のクロージングパフォーマンスがあり、ボランティアのはじまりがあったのではないかと気づく。兄は二日間さまざまな人たちに付き合い、最後は一人で決断してどこかにはしり去っていった。彼なりのやり方で、この大会に関与し、弟の世界にふれていた。

そして、その後に解散してしまった学会に対して、「一人ひとりの人間」の中に見落としてしまっているものはないのか、根源的なところで問いかけていた。そんなふうに今、わたしは考える。

二日間の彼の身振りと、その二日間が終わったあとのしっそう、それ自体が「批判的かつ創造的にものを見る能力」の現れであり、「世界の現実を、人間の力で動かしていくこと」の現れであると受け止められたとき、そこから生まれる「未来の希望」がある。

満月とブルーインパルス、あるいはわたしたちのマツリについて

八月の祭典

見沼田んぼ福祉農園の八月の共同作業は、二〇二〇年の夏にはじまった。兄や仲間たちの仕事を支える地域活動支援センターの農園担当スタッフのヤマさんが、農園の排水性を向上させるために溝掘りをしようと提案したのがきっかけだった。

二〇二〇年はお盆休みの二日間、炎天下の中、朝からお昼まで穴を掘った。福祉農園にかかわる団体の人びとが集まり、作業を進めた。三十分に一回、十分休憩をとり、アイスや行動食のお菓子を分けあった。作業の参加人数は、のべ一〇人に満たなかった。コロナ

ウイルスの第二波が、日本で騒がれていた頃のことだ。

二〇二一年の共同作業は、福祉農園の会員である埼玉朝鮮学校のキムさんが堆肥場《たいひ》の切り返しを提案したのがきっかけだった。

福祉農園は、障害者福祉にかかわる二団体と、ボランティア団体、朝鮮学校でそれぞれ区画を持ち、管理している。各団体の区画や、共同管理の芝生広場、通路、ビオトープ、隣の農家との境界で除草された草は、堆肥場で山になり、分解されて土になる。といっても、自動的に分解が進むわけではない。しぶとく生き残った雑草はそこで育ち、またカボチャやソルゴー、ジュズダマなど野菜や雑草の種は芽を出していく。それらを刈り、引き抜く。その下にある分解された土を掘り出す。そこにできた窪地に、分解されていない残渣《ざんさ》や、刈り取ったばかりの草を入れる。その上に、分解された土をかぶせる。そんな切り返し作業は年に数回は必要である。

ヤマさんも、前年と違う場所の溝掘りを計画していた。二〇二一年の共同作業は堆肥場の切り返しと、溝掘り、それと刈払い機の講習を平行して行うことになった。当初はお盆休みに実施しようとしていたのだけど、都合がつかず一週間後に実施することになった。

二〇一九年まで、福祉農園では、毎年八月にキャンプをやっていた。二〇〇二年にキャンプをはじめた頃から二〇一〇年代のなかばまでは一週間やったが、後の数年は数泊だけになった。

はじめた頃は、わたしはまだ二十代の前半で、エネルギーも暇もあった。その頃はとにかくキャンプすること自体が目的になっていたこともあり、ほとんど作業をした記憶がない。とにかく焚火をすること、野外で飯をつくること、だらだら明け方まで呑み語ることが活動の中心だった。当時仲良くなった小学生も参加し、酔っぱらった若者たちと一緒に野外生活を楽しんでいた（だから、一週間が終わる頃にはすごくワイルドになった）。二年目のキャンプは最終日の一日を除く、六日間が全部雨だった。一時は傍らに流れている川も水があふれた。本当に農作業などできなかった（見沼田んぼが遊水地機能を持つという土地柄もあり、川の増水にはたびたび見舞われる。二〇〇五年のキャンプは、宴会の余興をやっている最中にゲリラ豪雨に襲われ、テントなどが流されそうになっててんやわんやだった）。三年目くらいから、早朝五時に起きて農作業する習慣がはじまり、近隣農家の手伝いに行ったり、地域の生活史を聞きに行ったりするという形でプログラムが充実していった。参加人数は三〇人を超えるようになり、早朝から農作業、昼飯食ったら昼寝して、少し涼しくなったら農作業、夜は勉強会という禁欲的な合宿形式になっていく。

わたしをはじめとする第一世代が中年化する中で、二〇一七年からは年々日数が短くなり、コロナの前年にはもう一泊だけになっていた。そうやって短くなってしまうと、すごく仕事ができることに気づいた。拙著『分解者たち』や『ボランティアってなんだっけ?』は、そうやってできた時間に執筆が進められた。

だから、コロナの中ではじまった共同作業は、宿泊と宴会を伴わない形で、キャンプでやっていたことを引き継いだとも言える。


八月二十二日、朝いちばんに福祉農園にやってきたヤマさんを筆頭に、朝鮮学校関係の大人が一五人ほど参加した。そのほかわたしと一緒にキャンプをやっていた時代からの仲間や、今年になって福祉農園に通いはじめた家族も参加した。朝鮮学校の子どもたちはとてもよく働いてくれて、大人が掘り起こした土を一輪車で畑に何度も何度も運んだ。炎天下の中で、文字どおりに駆けまわっていた。かくして境界の溝は深くなり、堆肥場は切り返された。

飯をつくって、一緒に食べるということはしなかったけれど、休憩時間や作業の合間にはさまざまなおしゃべりをした。

死者たちと踊る

お昼をはさんでやってきたのは、兄やマエダさんだった。この日の午後は、知的障害のある人たちの農作業体験の会があり、二人はその受け入れスタッフだった。知的障害のある人たちの受け入れを、知的障害のある人たちの仕事にするというのが、二〇二一年からはじめたこの会の要点である。二人やその介助者、他のスタッフとともに、農園をまわってやることを確認し、人びとが密にならないような準備をする。もちろん机は雑巾でふいた。

やってきた人たちと準備運動をし、農園を歩いた。四月に植えた里芋の生育を確認し、畝《うね》間《ま》のトンネルを歩き、ナスやトウガラシなどの夏野菜を収穫した。剪定・伐採した木に雑草のツルがまきついていたのを、一つ一つアシナガバチの巣に気をつけながら取り出して、火をおこした。人びとは、ゆったりとした時間を過ごし、夕暮れを迎えた。この日はマエダさんの介助として参加していた農園専属ギタリストのヤマちゃんのギターの伴奏で、みんなで歌った。*28

一日、いろいろな人びとがやってきた農園だった。一日の延べ人数は五〇人を超えた。

そういう入れ代わりたち代わりの中で、わたしはかつて農園にいた人たちのことを想った。

それはなぜか――。この日、見ていた風景は、この日いた人だけがつくっているわけではない。かつて農園に来た人の作業によるものが、そこかしこにある。その人が植えた木、その人が教えてくれたナスの棚の仕立て方、ネギの土寄せの仕方、その人と一緒に建てた農機具小屋。さらに言えば、育っていく野菜や雑草があり、伸びたり枯れたりする木があり、虫やカエル、ミミズなどの生き物があり(この日、子どもたちはノコギリクワガタや、エビを捕まえていた)、その遺骸や残渣が分解されてまた土になって畑にもどる。それは、農園だけにはとどまらず、隣の農地からさらにその隣へと広がっていく。人やさまざまなものたちの、仕事と暮らしが風景をつくっていく。

そうやって作業しながら、農園で時間をともにした懐かしい人たちと交わる。その中には、もうこの世にいない人たちも何人もいる。

あるときからわたしは、八月にずっとやっていたキャンプを、お盆に先祖を迎える方法を失ってしまった自分たちにとっての、死者と交わる儀式であると思うようになった。

ベッドタウンの核家族に生まれたわたしは、東京出身の父母の実家はお盆の時期が七月ということもあったり、親族との関係が疎遠になっていたり、墓が遠方にあったりといったことから、子どもの頃からお盆をする習慣はなかった。

ある年、お盆の時期にキャンプをするなんておかしいと、お寺出身の若者に言われたことがある。しかし、親しい死者たちと交わる方法すら失ってしまった自分にとって、お盆は空しく過ぎる空白の日々か、あるいは単なる休日でしかない。だからこのキャンプがお盆時期の毎年の行事であり、ここで最初は若者として、今は若者とともに過ごすことで、あの世に行った人たちを想い、この世にひととき迎える場になればと思っていると、その人に答えた。

キャンプをはじめて十数年が経つ中で、キャンプに参加した人たちや、協力してくれた人たちが、一人、また一人とあの世に旅立っている。そういう懐かしい死者たちがやってきて、交わる場所をつくる。朝は踊るように働き、毎晩火を焚いて、酒を呑みながら彼ら、彼女らを待つ。

そんなことを想いながら、この日も焚火をおこし、人びとと火を囲んだ。そうやって、二〇二一年の農園では、お盆の行事を、本来の時期から一週間遅れて行った。

だれのもののそら

この日のまだ暑さが残る午後二時四十五分。農作業体験のために農園内を歩いていたときのことだ。上空で爆音が響いた。その音が聞こえてくる方向に向かって、マエダさんが「ありがとうー」と大きく手を振った。里芋が育ち、高架線が走るいつもの風景の上に、三、四本の蛇行した飛行機雲が走っていた。それは二日後に迫ったパラリンピックの開会式のための、ブルーインパルスのテスト飛行であることに気づいた。

マエダさんは喜んでいたが、わたしは、この穏やかな共同作業の時間を邪魔しないでくれと思った。パラリンピックも、オリンピックも。ＩＰＣも、ＩＯＣも。そして、日本政府も。同時にわたしも、農園もまた、この同時代のさまざまなことに、揺さぶられ続けているのだと思った。

見沼田んぼ上空にブルーインパルスが残した飛行機雲は、わたしたちの懐かしい風景が、外の大きな力によって簡単に左右されてしまうことの予兆のようでもある。わたしたちの不自由さを生み出しているのは、当時猛威を振るっていたコロナウイルスのデルタ株や、そのあとにあらわれたオミクロン株だけでもない。

あの自衛隊の練習機が発した爆音のことを、半年後、戦場になった国から送られてくる映像を見ながら思い出した。

この日の作業が終わる頃には、農園の東南にあるお寺のほうに満月が出ていた。満月は静かで、あとに何も残さないのがいい。その静かさを背に受けながら、家路についた。

分解者と死

二〇二二年の三月、農園ボランティアだったフジエダさんが亡くなった。

フジエダさんは、二〇〇四年頃から、兄たちと一緒に働き、その作業のサポートをしてくれた。フジエダさんは、建築士の仕事を引退してから農園にやってきた人で、農園に来て一年が経つ頃には、兄たちだけでなく、週末を中心に活動するわたしやその仲間たちとも親しく付き合いをしてくれるようになった。大学院生だった頃のわたしは、平日も農園に行っていたのでフジエダさんと休憩時間におしゃべりをし、さまざまなことを教えてもらい、フジエダさんの生きてきた戦後の建築の世界のことを知った。

フジエダさんは若い頃に故郷を出てから、首都圏各地の建築現場で働いてきた人だ。戦後の日本を代表する建築家と仕事をし、名だたる高層建築の図面を引いた。そんなフジエダさんは、農園で障害のある人や、礼儀を知らないわたしのような若者たちとの交流を楽しみ、「今がいちばん人生で楽しい」と語ってくれていた。ボランティアとして、農園に来ているさまざまな人たちの声を聴き、その作業風景を読みときながら、農園に必要な農機具小屋をつくり、壊れたものの改修をしてくれた。フジエダさんは、夏のキャンプも楽しみにしてくれていて、そこで若者たちにネギの土寄せの仕方を教え、釘の打ち方や、小屋の耐震強度を上げるための方法を教えてくれた。*29

一人目の子どもが生まれて初めて農園に行くときも、フジエダさんは農園にいて彼女を迎えてくれた。三人目の子どもが生まれてひと月も経たないうちに出かけていったのも、ボランティアを引退したフジエダさんの自宅だった。それが、生前のフジエダさんと会う最後の機会だった。わたしは再訪を、他の仲間は訪問を望んでいたけれど、コロナがそれをためらわせた。

八十歳を過ぎた年の春、フジエダさんは農園のボランティアを引退した。その前年の秋の収穫祭のとき、フジエダさんがわたしに語ってくれた言葉が忘れられない。フジエダさんは若いときに酒を断っていたのだが、この日はビールを呑み、そして陽気な顔で、自分よりも長く生きるものとしてのわたしに語りかけてくれた。フジエダさんが語ってくれたその言葉（その中身は書かないが）が、わたしが農園にかかわり続けていくことの一つの支えになっている。血縁関係もない、ボランティアで会った次の世代の人間に何事かを託すということが、いつかわたしにできるのだろうかと思う。

コロナウイルスの広がりとそれへの恐怖感の高まりの中で、各地の年中行事が中止や縮小を余儀なくされた。そんな中で年中行事の習慣がほとんどないわたしたちが新しく生み出した習慣は、曲がりなりにも続いてきた。フジエダさんの訃報《ふほう》に接し、次の夏こそは、またキャンプをしたいなあと思った。さすがに一週間はしんどいが、朝から働いて、一晩呑み明かすだけでも。

たまたまめぐり合ったわたしたちは、その一期一会を未来に託す。

路線図の攪乱　1

兄の一人旅

兄は、長い文章ではなく、単語や二語文で語る。たとえば、「おうちかえろう」、「だいじょうぶ」、「きてちょうだい」といったように。文字は、自分の名前だけ書く。それは、高校入試のために母と猛特訓した成果でもある。たぶん、文字を読むということはしない。

ときに兄は、一人で旅に出てしまうことがある。財布を持っていることはほとんどない。それでも、鉄道に乗って出かけてしまう。路線図を読むこともないと想像するが、都内に暮らす祖父母の家や、家族で泊まった箱根のホテルまで出かけていく。どういうルートで彼が移動しているのか、確かめることはできない。あるとき兄はいなくなり、ある場所に現れる。目的地まで到着することや、何事もなかったようにうちに帰ってくることもあれば、途中で保護されてしまうこともある。財布を持っていない、ときに大きな声を出したり、跳びはねたりする兄は、駅員や警察の保護の対象になる。縁もゆかりもないところでは、自ら保護されるようにふるまっていると、わたしには感じられることもある。

なぜそこに行ったのか想像できる場所もあるが、想像できない場所もある。

たとえば、父方祖父母の家によく行ったのは、兄が祖父のことが好きだったからだとわたしや父母は理解している。祖父は、兄のことを自分なりのやり方で受け入れていた。子どもがたくさんいれば、障害のある子がいる。他の子と分け隔ててはいけない。父が祖父に、兄に障害があることを告げたとき、祖父はそんなふうに返したそうだ。亡くなる数年前に、正月に家族で挨拶に行ったとき、祖父は「良太は天真爛漫《てんしんらんまん》だ」と語っていた。祖父が亡くなると、兄は祖父母の家に一人で行くことはなくなった。

一方、兄はわたしや家族の想像のつかないところに出かけてしまうことがある。郡山に出かけていったことがあり、大磯《おおいそ》に出かけていったことがある。郡山行きは彼が中学生の頃で、迎えに行った父とともに土産にクルミ柚餅子《ゆべし》を持って帰ってきた。大磯行きは、大学院生になっていたわたしが迎えに行った。それまでわたしは大磯に行くことなどなく、警察で兄を迎えたあとで夜の海を眺めた。夜の海に風がビュービュー吹いており、その風に吹かれながら兄は跳びはねた。わたしにとっては、その年に海に行った唯一の経験だ。

兄の旅は、彼自身の関係をなぞるとともに、そこに巻き込まれるわたしや家族、そして介助者たちを思わぬ世界と結びつける。

兄がどのような経路で移動し、そこでどんな経験をしたのかはわからない。あるときは、家を出ていったときの上着と違う上着を着て帰ってきたことがある。その上着は新品ではなく、兄が着ていたものよりも、少し古びていた。母とわたしは兄が誰かの食事や宿の世話を受けて、その見返りに服を交換したのではないか、と想像した。尋ねても、兄は何も答えてくれない。スマホやGPSを持てば、位置情報を確かめられるのだろうが、そういうデバイスを、兄は持つのを好まず、もし持たされたとしてもどこかであっさりと投げ捨ててしまうだろう。

兄の足取りを想像する手がかりは、彼が自分の好きな鉄道に乗って移動したという一点である。

規則と想像

マルク・オジェは、パリのメトロと民族学者／人類学者としての自分自身の経験をめぐって一冊の本を書いた。オジェは、メトロの規則性が詩的魅力を持つと書く。

メトロの規則性は明白で確立されたものだ。始発電車も最終電車も、日々のスケジューリングにおいて不動の地位が与えられていることで、おそらくなんらかの詩的魅力を得ている。これらはタイムリミットが有する不可抗力という性格の象徴であり、時間の不可逆性と日々の連続の象徴である。空間用語で言えば、公共交通機関は同じように機能的な描写や、地理的というよりは幾何学的な描写に向いている。ある地点から別の地点に行くための最も効率的な経路は簡単に計算できる。（オジェ 2022：60）

メトロは決まった経路と、定められたダイヤに沿って走る。空間と時間はそれぞれ路線図と時刻表に秩序づけられる。それはパリのメトロに限らない。人びとは鉄道を利用しようとすることで、空間的、時間的に管理される。どこからどこへ行くために、どのルートを使い、何時頃までに行けるのかを把握する。そこから何時までに帰ってこられるのかがわかり、自分の予定のタイムリミットが決まる。誰かと食事をしてどんなに会話がもりあがっていても、終電の時間は気にかかる。自分と相手のそれぞれの帰る場所によって終電の時間は違う。その制約を意識しながら、その人たちとの時間を過ごす。

もっとも、メトロが生み出す空間的制約も時間的制約も無視することはできる。終電を逃して呑み明かし、そのまま出社することもできるし、あるいは一駅前で降りて歩いて帰ることもできる。それでも、終電をあえて（あるいはうっかり）逃したこと、わざわざ一駅歩いたことに、路線図と時刻表による強制力の存在を示す。

学校も、メトロ／鉄道と同じように、時間と空間を秩序づける。時間割があり、通学路があり、決まったスケジュールと、決まった経路で暮らすことがあらかじめ決められている。もちろんそのいずれにも従わない余地はある。

小学三年生の秋、兄はわたしの前からいなくなった。

祖父から、自転車を買ってもらったばかりの頃だ。母に、中学校から帰ってくる兄の様子を見に行ってほしいと頼まれたわたしは、白いマウンテンバイクに乗って兄の中学校に向かった。中学校から下った先にある信号で待っていると、兄の同級生らしい女の子たちが「リョウタの弟？　似ているね」と声をかけてきた。真新しい自転車に乗ったわたしは、そうやって知らない人に声をかけられるのを恥じた。だから兄が来るのを遠目に見ようと、通学路から離れた場所に移動した。

やがて兄はやってきた。それを遠目に確認し、また別のルートで兄と並走し、次の曲がり角で兄がやってくるのを待った。

遠回りしているうちに、わたしは兄を見失った。わたしは焦り、通学路を行ったり来たりした。一度家に帰って、兄が帰っていないのを確かめ、通学路の脇にある池におぼれていないか覗き込み、それぞれ違う路線の最寄り駅に兄はいないかと自転車を走らせた。けれど、兄を見つけることはできなかった。

夜になる頃、都内に住んでいる父方祖母から、兄が家にやってきたと連絡があった。学生服を着ていた兄は、まだ夜も遅くない時間だったからだろう、特に不審がられることなく東京に向かう電車を乗り継いで祖父の家にたどり着いた。鉄道の規則性は、そんなことを想像させる。

孤立なき孤独

メトロ／鉄道は、人びとのさまざまな思い出を手繰《たぐ》り寄せる。いつもと同じ路線の電車に乗り、駅名のアナウンスを聞き、車窓に映る風景を見ながら、ときに、そこで起きた個人的な出来事や社会的な事件を思い出すことがある。たとえばわたしは通勤途中、列車が川崎駅を通過すると、一九七〇年代のこの駅で、脳性麻痺者の当事者運動団体である「青い芝の会」の人びとが、車椅子利用者の乗車を拒否するバス会社に抗議し、バスを占拠した事件を思い出すことがある。そのことを想うとき、いつもの通勤時間の胸は高鳴る。思い出すことは、そういう社会的な事件——もしかしたら、川崎駅でわたしと同じことを想う人が何人かはいるかもしれない——だけではなく、個人的な出来事もある。この駅で待ち合わせて会った人のこと、車窓から見えるビルで打ち合わせた内容、あそこにあった店の記憶。そのように思い返すことは、車内にいるわたし以外の誰にも、それぞれの仕方で起きることである。

メトロの路線図をいくらか夢見がちに見ることで得られる個人的想起の第一の美徳は、

私たちに友愛の感情に似たなにかを抱かせてくれることではないだろうか。日常的にパリの交通機関を利用することで、他のひとたちの歴史と決して出会うことはないものの、たえずそれがかすっているというのが本当だとしても（ついでに言うと、この表現はラッシュ・アワーでは明らかに婉曲的な言い回しだ）、私たちはその歴史が自分たちの歴史とそう違っているとは想像できないだろう。（オジェ 2022：24）

それぞれが思い返した出来事は、他の人と共有されるものではなく、あくまで個人的なものだ。同じ場所で思い返すものは、わたしと隣の乗客でほとんど重なることはない。だから、そうやって思い返す行為は孤独である、とオジェは書く。ただしこの孤独は複数の孤独でもある。わたしと同じように、車内で隣り合わせる人びとが同じように孤独な生を生きていることを想うとき、孤独であるわたしと孤独である隣人との間に、かすかな連帯が生まれる。オジェはそれを「孤立なき孤独」という（オジェ 2022：65）。

鉄道に乗って移動するとき、孤独な人びとの傍らで、兄は何を感じ、何を思い出しているのだろうか。路線図を読まない兄は、車窓の風景を読み取りながら目的地に向かったのかもしれない。祖父の家に行くときに求めていたのは、祖父の雰囲気であり、禿《は》げた頭に残ったやわらかい白髪の手触りだったり、ソファーの感触や、そこで出してもらう三ツ矢サイダーが喉を打つ刺激だったのかもしれない。祖父の死によって、それらの事柄の多くが失われていったときに、あの場所に兄を誘うものはなくなった。兄は「祖父のいる場所に行こうとしなくなった」という形で、祖父の死を経験しているのかもしれない。

父や親族によって祖父の臨終に立ち会うように期待されたわたしと、期待されなかった兄の祖父の死の経験は、そこまで想像することでかろうじてつながる。

兄は孤独に鉄道を移動していることだけは確かだ。その孤独は、わたしたち自身が抱える根源的な孤独と重なる。

路線図の攪乱 2*30

予定の切断、旅程の接合

二〇一四年一月三日の午前六時半に有楽町駅沿線で起きた火災は、鉄道のダイヤグラムとともにわたしたちの予定を混乱させた。東海道新幹線のほぼ全線と、山手線、京浜東北線、東海道線の一部の列車の運転を、お昼過ぎまで止め、駅の改札口周辺や再開した列車の車内を混乱させた。妻とわたしは都内にあるわたしの祖母の家に行くのをあきらめて、妻の祖母が住む福井に向かうことにした。一方、兄は母と父とともに、予定を大幅に遅らせて祖母の家に出かけた。祖母に挨拶をし、うちに戻る途中の最寄り駅から、兄はまたいなくなった。

わたしと妻は予定されていた福井までの路線を予定とは違った時間に旅し、兄はそもそも予定されていなかった大阪までの路線を旅した。

一月四日の夜、母からわたしにかかってきた電話は、兄が大阪の天王寺警察にいるというものだった。母は、わたしに、今から迎えに行けるのかを尋ねた。すでにこの時間に天王寺まで行くのは無理なことを伝えると、母はそれなら自分が迎えに行くと言った。この時間に迎えに行ったとしても、大阪で一泊せざるを得ない。ならば、わたしと妻が翌日の早朝に迎えに行ったほうがいい、とわたしが言うと、母はそれだと兄は一晩警察署で過ごすことになってしまうと返した。

困ったなあと思ったところで、とっさにわたしの頭が回転した。兄が保護されている天王寺警察は、釜ヶ崎にあるNPO法人こえとことばとこころの部屋（以下、ココルーム）の喫茶店のふりをした事務所に近い。[*31] ココルームの代表で、詩人のウエダさんの携帯に電話をかけると、一晩警察署で過ごすのはかわいそうだと言って、すぐに迎えに行ってくれることになった。わたしは母に電話をし、翌日、わたしと妻が釜ヶ崎まで行って、兄と一緒に帰ることを伝えた。母がウエダさんに電話し、身元引受の方法について話をした。迎えに行く道すがら、ウエダさんは、兄の介助者をしているカリヤサキさんが越冬闘争[*32]に参加するために釜ヶ崎にいるのを思い出した。ウエダさんが電話をかけると、夜になってもその日の宿を決めていなかったカリヤサキさんは、渡りに船と兄と一緒にホテルに泊まってくれることになった。

翌日、わたしと妻はバスと電車を乗り継いで、ココルームまで行った。福井の親戚にいただいた土産を出しながら、喫茶店のお客やココルームのスタッフとちゃぶ台を囲み、正月の里帰りのようにお雑煮とおせちを食べた。数年前まで、釜ヶ崎の越冬に参加していたわたしは、この年も期せずして越冬に参加することになった。

食後、居合わせた人びとと、兄がどうやってココルームまでやってきたのか、話に花が咲いた。すると、それまでずっとだまり、確実におせちを摂取していた兄は、自分が話題にされているのを決まりが悪く思ったのか、初めて「おうちかえろう」と呟いた。あまりに自分勝手な言葉に、一同ほがらかに笑った。妻とわたし、兄とカリヤサキさんの四人で、帰省ラッシュで大混雑の新大阪駅から自由席に座るために奮闘し、そして東京駅を経て埼玉に帰った。

解釈の螺旋

地元の駅から天王寺までのどこかで一泊したあとで、兄は天王寺まで行った。駅の近くのたこ焼き屋で売り物のオレンジジジュースを手にしたところで、たこ焼き屋の店主に声をかけられた。不審に思った店主は、面倒見のいい人で、彼を迷い人と考えて、警察まで連れていってくれた。地元の駅から、たこ焼き屋までの足取りは不明である。

このときの旅でも、兄はお金を持っていってはいない。人に道を聞くことはしないし、携帯・スマホなども持っていない。だから、スマホで経路を検索することもない。路線図を読むこともないと思われる。そんな中で兄がどんなふうに世界を認識し、どのように五〇〇キロ以上も離れた天王寺までたどり着いたのかを考えると、さまざまに思考が刺激される。兄は駅からいなくなった。だとすれば、少なくとも一部の区間は鉄道を利用して移動しているはずである。彼が鉄道による移動が好きなことを考えると、高い可能性ですべての移動は鉄道によるものだとも推測される。

この六年前に、兄はわたしや見沼田んぼ福祉農園の関係者とともに、天王寺を二回訪問していた。その際には、ココルームに行ってウエダさんにも会っている。だから、兄がウエダさんらに会いに行ったということも考えられる。

今までの一人旅の行き先は、都内にある祖父の家だった。祖父が亡くなってからは、東京都内の繁華街に出かけるのが多い。兄にとって好きな場所——わたしにとって、兄が好きだなと感じられる場所というのが正確かもしれない——に出かけていることが多いようである。

それまでの一人旅でもっとも西に行ったのは箱根。そのときは、わたしの母方祖父母とともに、毎年家族旅行で出かけたホテルまで行き、馴染みの仲居さんから電話をもらい、母が迎えに行った。西日本に行ったことはない。

二〇一二年に開催した日本ボランティア学会北浦和大会では、二日間すべてのプログラムに参加したあと、閉会時の混乱にまぎれて旅立った。わたしの職場のある横浜の駅近くのラーメン屋の前で保護された。つまり、家族に関わる場所や、家族が話題にのぼらせる場所に行くことがある。であるならば、元旦に実家でわたしと会った際に、新幹線を乗り継いで福井に行くことを聞いていた。また、介助者のカリヤサキさんが釜ヶ崎に行くということも、実際に彼が兄の介助に入る際に聞いていた。であれば、わたしのように新幹線に乗りたくなったのかもしれないし、あるいはわたしや妻、カリヤサキさんに会いに行こうとしたのかもしれない。

　そんなふうに兄がなぜ旅をしたのか、どのように旅をしたのか思いをめぐらす。その答えを出すための手がかりはあっても、答えを出すことはできない。そもそも兄がいなくなったのは一月三日であり、天王寺で保護されたのはその翌日である。一晩をどこかで明かしているはずだが、それがどこなのかはわからない。

　兄は遠く離れた場所を、わたしや家族にとって思いもよらない、彼なりの仕方で結びつけ、そのことによってわたしが常識的な尺度でつくりあげた世界観を揺さぶる。地元駅から、天王寺まで線路が敷設されている。その最短の経路が兄の旅程そのものだと想像する。しかし、線路の軌道と実際の旅程はほんらい別物である。途中下車や乗り換えをすることもあれば、ダイヤ乱れによって経路の変更を余儀なくされることもある。それなのに、わたしたちは最短の経路が唯一の旅程だと錯覚し、その先に空間をイメージする。東京駅から新大阪駅までの旅程は五〇〇キロで、二時間半かかるというふうに、離れた場所を距離と時間の秩序で整理し、理解可能なものに変える。

　ふたたび書くが、軌道と旅程はほんらい別物である。兄がどのように旅をしたのかは、わからない。その別物であるからこそそのわからなさが、一人の人間の存在の孤立なき孤独を根源的にあらわしているのだとわたしは考える。*33

されるのではなく、している

沿線火災によって、鉄道のダイヤグラムは乱れた。わたしの祖母の家での正月の家族の対面は果たせなかった。一方で、妻の側の親族との対面は果たされた。そんな中、兄が発《ほっ》心《しん》して西に旅立つことによって、わたしは釜ヶ崎で血のつながらないが、ゆかりのある人たちとの対面を果たすことはできた。兄が保護されると、わたしはウエダさんのことを思い、ウエダさんはカリヤサキさんのことを思い、やがて兄を介して、わたしはウエダさんにも、カリヤサキさんとも釜ヶ崎で会うことになった。本来の予定どおりにいかなかったが、結果的にとても濃密な旅になった。

それは、「知的障害のある中年男性が失踪し、警察に保護され、家族が迎えに行った」で片づけられる話だ。わたしはそれにおさまらないものを感じ、兄と釜ヶ崎で再会してから、Facebookで発信した。するとさまざまなひとがこの出来事についてリアクションしてくれた。そうやってシェアされたことで、出会った人もいる。

たとえば、アサダワタルさんがシェアした記事に、浜松で障害のある人とアート、表現をめぐる活動をしているNPO法人クリエイティブサポートレッツ（以下、レッツ）代表のクボタさんがコメントをしたことで、わたしとクボタさんはつながった。[*34]兄との大阪の旅の翌月、わたしは妻と九州を旅行しようとしていたのだが、大雪で飛行機が飛ばなくなり、行く先を新幹線で行ける東海地方に変えた。クボタさんに連絡を取り、レッツを訪問することになった。クボタさんは鍋を料理してくれており、わたしと妻はレッツの活動スペースに布団を敷いて泊まった。だから、ひと月前の兄の旅は、大雪に際して途方にくれたわたしたちに、新たな旅の目的地を与えてくれるものでもあった。

だとすると、わたしが兄の世界を解釈するだけでなく、兄がわたしや妻の世界を解釈しているとも言える。お金を持っていない、そして文字を読むわけではない兄が天王寺まで行けてしまったことの背後に、兄自身が十分に知ることができていない、〈何かとんでもない力〉を感じるとともに、その〈何かとんでもない力〉は兄の旅が終わったあとも、わたしの世界を解釈し、構築していく。

暴力の痕跡

しかし、〈何かとんでもない力〉は、ポジティブなことだけをもたらすものではない。誰もが自由に生きられるわけではなく、さまざまな圧力や非難を受けながら生きざるを得ない。

オジェは、メトロの規則性が、人びとの振る舞いを規制することを語る。

もし各人がメトロで「自分の人生を生きている」としても、この人生が完全なる自由のうちで生きられるわけではないことはまったく明らかである。それは単に完全な仕方で生きられる自由など社会にはありえないからではなく、より正確に言えば、メトロの運行がもつコード化されて秩序立った性質がすべてのひとに、いくつかの振る舞いを強制するからだ。こうした振る舞いから逸脱してしまうと、公的な圧力や、他の利用者からの非難によって——この非難は有効である場合もそうでない場合もあるが——、罰せられる危険を冒すことになるだろう。（オジェ 2022：63）

メトロの規則性は、人びとの振る舞いを規制することで、それに従う人びとの共同体をつくりだす。人びとはそれに従うことで、快適な移動をすることができ、その快適な移動によって自分らしい生をつくりだす。そこから逸脱もできるが、それは圧力や非難にさらされる危険と裏表である。

兄の旅は、わたしたちの常識的な移動のイメージを超えてしまうことで、わたしや、わたしの周りの人びとを熱狂させた。兄の旅はネガティブな力にさらされることと、紙一重のものでもある。兄の旅のあとの、わたしやわたしのつながる人びとの熱狂の横で、母は次のように書いている。

彼の一人大阪行き、何人かの人が語っている。事実と事実から「想像」したことと。なべて、いいひとたちとめぐりあえて無事帰還、みたいな感じだが……。一番好きだった「事実からの想像」は「兄が弟夫婦を心配して大阪まで来てくれた」だったよ。彼が帰ってきたとき(…)右足のひざの外側にはあかくはれた大きなすり傷があった。世の中優しい人もいるけど、傷つける人も優しくない人もいるさ。語られないことの中にも真実はあるってことを語られない側はどうつたえられるんだろう。

すり傷が生々しくあることは、熱狂する周囲に冷や水を与える。わからなさの中に、暴力の存在が予感される。

それでも兄は、一人旅に出かけていく。

だからとんでもない力を解き放つのは、兄自身であり、わたしや周りの人間ではない。

トレイン、トレイン

TRAIN-TRAIN

中学生の頃､兄の同級生がロックバンドのカセットテープをうちに持ってきてくれた。それは、RCサクセションでもあったが、何よりもTHE BLUE HEARTS（以下、ブルーハーツ）であった。兄はブルーハーツのカセットを繰り返し聴き、ときに手を振り、声をあげながら跳びはねた。大音響でかけるブルーハーツは、それほど広くない団地の家の中で響きわたった。同じ家で暮らし、同じ部屋で眠るわたしは兄とともにブルーハーツを聴いていた。

今、ブルーハーツの曲を聴くと、ときどき、当時起きた出来事や、圧倒されるように感じたことの断片を思い出す。

「リンダリンダ」は、ドブネズミの美しさを歌う。[*35] ドブネズミという言葉が聴こえてくると、わたしは近所のどぶ川を想い、中学校の帰り道、兄がどぶ川になぜか入っていた姿を想う。兄が自分で入ったのか、誰かにそこに入れられたのかは定かではない。そのときなぜそこにいたのかは思い出せないが、わたしはどぶ川の川端を歩いており、兄が学生服姿のままどぶ川に入っているのを見かけた。

わたしが小学四年生の頃、ブルーハーツの「TRAIN-TRAIN」を主題歌に、斉藤由貴主演のドラマ「はいすくーる落書」が放映された。ませた同級生はそれを教室の話題にしていた。ませていなかったわたしも、母に付き合ってそのドラマを見ていた。ちょうどその放送をしていた時期、兄は二年目の高校受験をし、また不合格にされた。受験した高校の教師たちとの交渉や、県の教育委員会との交渉があり、たびたびわたしも連れていかれた。学校や県庁や、何か大きな力を持っているものに立ち向かって、兄は走っており、母や父も走っており、その疾走する感じは、この曲が描くものと重なっているように感じた。わたしの言葉でうまく表せないことを、この曲が表現してくれているように感じた。

中学時代、兄は毎日学校に通っていた。ひどいいじめを受けている時期や、障害児は養護学校に行くべきであるという強い信念を持った中学一年生の担任の教師から、日々転学を迫られていた時期もある。その二つの時期は重なってもいる。同級生からのいじめと、本来ここにいるべきではないという担任教師の指導は、お互いを裏打ちし合う関係にあったとも言える。

それでも兄は卒業まで毎日学校に通った。その先に受験した高校の門は閉ざされたままで、十五歳の浪人生になった兄は、母と一緒にビラ配りや牛乳パックの回収と紙漉きをし、高校を目指し続けた。その日常の中で、ブルーハーツの曲はわが家の中を流れていた。ままならない日常をしぶとく続けながら、どこかでそれが好転するために勝負をかけること。パンク・ロックというものを、わたしはそのようなものと理解した。

ときどき、兄はどこかに出かけていった。「TRAIN-TRAIN」が、兄を旅にいざなっているようにわたしには感じられた。今でも、兄がどこかに行ってしまうときに、わたしは「TRAIN-TRAIN」の音楽とともに兄が旅している姿を思い浮かべる。

野生の思考

思春期になりかかったわたしにとって、兄の受験をめぐって起こった運動は、それまでの日常を大きく変えるものだった。

国外は冷戦が終結していく頃であり、国内では昭和という時代が終わろうとしていた頃であった。目まぐるしく変化していく、身近な風景や、時代の風景が、少年の感性を刺激し、それがわたしの世界をめぐる思考を形づくった。同じようにめまぐるしく変化する状況の中で、兄の感性も刺激され、彼にとっての世界をめぐる思考を形づくっていったはずだ。そうやって形づくられた彼の世界をめぐる思考は、言葉という形をとらず、手仕事や、跳躍、叫び、疾走、そして旅という形をとってあらわれる。


クロード・レヴィ＝ストロースは、野蛮人や未開人とされてきた人びとが自然に対して豊富な知識を持っている民族誌的事実を語る。

たとえば、フィリピンのネグリト・ピナツボ族の男は、誰でも植物四五〇種、鳥類七五種、蛇、魚、昆虫、哺乳類のほとんどすべて、さらには蟻二〇種類の名称を言うことができた。琉球列島のある地域の子どもは、木材の小片を見ただけでその木を特定できるだけでなく、現地人が考える植物の性別で、その木の雌雄を言い当てた。その識別は、木質部や皮の外観、匂い、堅さ、その他の特徴の観察による（レヴィ＝ストロース 1976：6）。

このように過剰なまでに豊かな知識の目的は、実用性ではない。それは物的欲求を充足させる前に、あるいは物的欲求を充足させるのではなく、彼ら、彼女らの知的欲求に答えるものである（レヴィ＝ストロース 1976：12–13）。自然の豊かな差異が、人間の感性を刺激し、その思考能力を駆動させることによって、単に機能性や有用性に還元されない形での知の体系をつくりだす。それは料理であり、婚姻であり、神話であり、宗教であり、近親《きんしん》相姦《そうかん》やカニバリズムのタブーである。*36

ブルーハーツが生み出した音楽は、あたかも自然の豊かな差異として、兄とわたしの感性を刺激し、その思考能力を出来事の中で駆動させていく。それを言葉として、論理として説明しようとするわたしに対して、兄はそれを身体や身振り、声や動作、仕事としてあらわす。

兄の行為を物的欲求で捉えるのも、それすらない異常な行動と捉えるのも、それは「健常者」を自認する人の傲慢に過ぎず、そこに知的欲求——知への勇気——を読み取ったときに、わたしたちは同一種の人間の多様性ということを、本当の意味で理解できる。

野生の思考は、兄においてしっそう（疾走／失踪）としてあらわれる。

輪郭をつくらない線

しっそうは輪郭をつくらない。ドゥルーズは次のように語る。

私たちが「地図」とか「ダイアグラム」と呼んでいるのは、同時的に機能する多様な線の集合のことです（だから手相の線もひとつの地図になるわけです）。じっさい、じつにさまざまなタイプの線があるわけで、しかもそれを芸術にも、ひとつの社会のなかにも、ひとりの人間のなかにも見出すことができる。何かを（具体的に）表象する線もあるし、抽象的な線もある。セグメントをもつ線もあれば、セグメントをもたない線もある。大きさをあらわす線もあるし、方向を示す線もある。また、抽象的であってもそうでなくてもいいのですが、輪郭をつくる線もあれば、輪郭をつくらない線もある。そういう線は美しい。（ドゥルーズ 2007 : 72）

ドゥルーズは「線とは事物と〈事件〉の構成要素」であるとし、「だから、どんな事物にも固有の地理があり、固有の地図学があり、ダイアグラムがある」のだという。

正月の兄の西への旅も、さまざまな事物と〈事件〉を結ぶ。それは、年賀の挨拶や、新幹線の沿線火災、釜ヶ崎のアートNPO、天王寺警察であったりする。それを並べてみても、空白の部分があまりにも多く、旅の輪郭を描き切ることはできない。旅の始点と旅の終点だけがはっきりした、輪郭のない線である。飼いならされた、常識的な思考が、たとえば「障害者」や「自閉症者」といった言葉で枠づけ、意味づけようとするその力をかいくぐる。

そして、右足の膝のすり傷である。逸脱は、圧力や非難、そして弾圧と暴力をまねきよせる。

二〇二〇年の春に日本で新型コロナウイルス感染症が広がっていく中でも、兄は何度かいなくなった。そんな中で、わたしが感じた不安は、兄がコロナウイルスに感染してしまうことだけではない。多くの場合、兄はマスクをせず、公共交通機関を使い、都心部に出かけていく。だから兄がコロナに感染することは、もちろん大きな不安だった。それ以上に不安だったのは、コロナウイルスに感じる人びとの恐怖が、そのまま兄に向けられることだ。少なくともわたしにとって、コロナウイルスの恐怖は感染することそれ自体だけでなく、感染した場合に向けられる非難や怒りだった。だから自分の行動は規制したし、また自分の行動の多くを人には語らなくなった。兄がコロナウイルスに感染し、誰かに感染させるかもしれないという不安を抱かれたとき、そこにあるのは同情ではなく、敵意なのではないかと感じた。

このときわたしが抱いた不安とつながることを、兄の介助者が語っている。

兄の介助に入る人たちの最初の不安は、兄と一緒に買い物に行く際、彼が大きな声を出すことだ。彼に向けられるまなざしを、介助者は自分に向けられるものとして感じる。それがつらい。だから大きな声を出さないようにしたり、あるいは大きな声を出すこと自体を別の形で理解するようにする。その人は音楽活動をしており、自分もときに大きな声を出す。だからそういうものだと理解していた。

そんな彼が、兄への人びとのまなざしが変わっていることに気づいたのは二〇二一年八月に小田急線の車内で起きた無差別刺傷事件のあとのことだ。女性を執拗に刺し、牛刀を振り回して多くの人を傷つけたことが、乗客が逃げる様子をスマホで写した映像とともに報じられた。ショッピングモールで買い物をしているとき、兄が大きな声を出すと、振り返る人びとのまなざしには、恐怖があった。それはあの事件で高まった不安によるものだと、彼は感じた。そのとき、兄は社会によって守られるべき「障害者」ではなく、社会に不安を与える「加害者」として、「敵」としてまなざされた。*37

それでも、兄はしっそうする。それを、ドゥルーズのようにただ「美しい」と語る勇気は、わたしにはない。それは、暴力や差別に対峙する人たちのたたかいを、ただ「美しい」と語れないことに通じる。

孤独だが、孤立していないしっそう

二〇二一年の三月二十八日未明の街で、兄は走った。

二回目の緊急事態宣言が解除されて一週間足らずの頃だ。それでも感染者は思ったほどは減少せず、さまざまな行動規制は引き続き呼びかけられていた。その頃に一年延期された東京オリンピックの聖火リレーが沿道に多くの観衆を集め、黙って旗を振ることだけを期待されていた。

あまりに異常な日常の中で、マスクをしない知的障害者が、ときに大きな声をあげながら、夜中の街を走った。この社会は、共生社会やインクルージョン、障害者アート、農福連携……そんな言葉で障害のある人を社会の内側にしようとしながら、結局、抱えきれないことがあれば、外に放り出し、敵として断罪する。その一つの極点が、東京五輪という愚かな祭典だったとわたしは考える。肯定的な言葉でくくられるのでも、否定的な言語で切り捨てられるのでもなく、ただ、はしる。走る。奔る――。

桜が満開のその夜の風景こそ、旧街道を、繁華街のロータリーを、神社の杜《もり》の前を駆け抜ける韋駄天《いだてん》走りこそ、わたしが今物語るもののすべてのように思う。

それでは兄は、どこに向かったのだろうか。

＊25　この大会のフライヤーに、わたしは以下のように書いた。

都心から電車に揺られて三十分。
繁華街でも、過疎地でもなく、都市でも、田舎でもない。
大自然はないが、緑はほどほどに残る。そんな東京郊外のベッドタウン、北浦和。
でも、そのどこにでもあるような町の片隅に存在する小さな営みに、目を凝らし、耳を澄ませて向き合えば――。
障害のある人とない人の交わりのなかで、変わっていく町の情景
大学の住民と地域の住民との出会いから、編まれていく市民知
悩みながら動き始めた若者たちの蠢き
都市と農村、人間と自然とを、しぶとく結ぼうとする日々の営み……
立場や経験の違う人びとの交わる〈境界〉で生まれた〈身振り〉があり、社会システムの問題を乗り越えるために刻まれた運動の〈リズム〉があることを知ります。

＊26　こまどり社について書きはじめるときりがないので、獅子舞についてのみ書くが、当初段ボールでオリジナル獅子頭をつくってインディーズの獅子舞師としてパフォーマンスをしていた。そんな彼のところに、ゴミ焼却施設で働く友人が、焼却寸前だった獅子頭を救出し、彼に贈った。由緒のありそうな獅子頭をゴミとして捨てることにどんな物語があったのか想像力をかきたてられるが、彼はその獅子頭を使って獅子舞を続けている。ハードな使用のため、顎が割れたり、耳が取れたりしたが、それを蝶番やねじなどで補修した結果、獅子頭はサイボーグの様になっている。電車の網棚に忘れたことも何度かあるが、必ず彼の元に戻ってくる（といっても、獅子頭を持っていこうとする人もいないだろうが）。なおこまどり社の現在の活動については、こまどり社のX（@KOMADORISHINE33）をご覧ください。

*27 住み開きとは、自宅の一部を、家族以外の人に無理のない範囲で開いて、交流・共有の場としながら、固定化された「公」と「私」を揺さぶるものとして、アサダワタルが生み出した言葉である（アサダ 2020）。

*28 ヤマちゃんは、シンガーソングライターとして活動をしている。二〇一五年のキャンプのときに彼がつくった「風の学校」という曲を今聴いてみると、この文章の内容とシンクロしている部分がある。ちなみに、この時期、国会議事堂前ではずっと安保法制に反対するデモが開かれていた。そんな中、キャンプは開かれており、最後の夜である八月十五日、ヤマちゃんと同世代の仲間で結成されたバンド「ダンゴ虫」によって、この曲が披露された。この日の様子は、大衆食堂の詩人エンテツ（遠藤哲夫）さんが、ブログで紹介している（https://enmeshi.way-nifty.com/meshi/2015/08/post-61f1.html）。ヤマちゃんが、二〇二〇年コロナがはじまる頃につくった「ビッグイシュー」という曲を、わたしはこの物語を書きながら何度も聴いていた（https://youtu.be/zirhgHyh6Hs）。

*29 フジエダさんは、『分解者たち』の第一章にも登場している。建築の第一線で働いた技術と、実家と家庭菜園で培った技術を、退職後にボランティアとして福祉農園の活動に活かした。そして障害のある人や若者、近隣の農家や野宿状態にある人とのつながりをつくっていった。そんなフジエダさんの多様な人とものとの交わりを「経験の循環（リサイクル）」という言葉で言いあらわす中で、わたしは「分解者」という言葉を確実につかんでいった（猪瀬 2019）。

*30 この節は、猪瀬（2015）を手元におきながら、それを大幅に書き換えたものである。

*31 当時のココルームについては、上田ほか（2016）を参照。なお当時喫茶店のふりを

していたココルームは、今少し場所を変えて（といっても歩いて五分以内の位置だが）、ゲストハウスを運営している（https://cocoroom.org/cocoroom/jp/）。

＊32 行政機関が一斉に休みに入る中で、路上で暮らす人びとの命を守るため、たくさんの支援者やボランティアがあつまり、炊き出しや夜まわりが行われる（原口・稲田・白波瀬・平川 2011：238）。

＊33 この部分の記述は、D・マッシーの空間をめぐる議論が発想の手がかりとなった（マッシー 2014：59）。

＊34 NPO法人クリエイティブサポートレッツについては、レッツのホームページ（http://cslets.net/）および認定NPO法人クリエイティブサポートレッツと小松（2020）をそれぞれ参照いただきたい。

＊35 「情熱の薔薇」をめぐる想い出については、『分解者たち』の第五章「三色ご飯と情熱の薔薇」に書いた（猪瀬 2019）。

＊36 このような「野生の思考」の特性を、渡辺公三は次のようにまとめている。

・それは人間を自然と分離せず常に自然へと送り返し、種の多様性によって同一種としての人間内部の多様性を表現する。
・種による分類の論理は種のさまざまな特徴をひきだして常に放射状にイマージュの網の目をひろげる動的な性質をもつ。
・したがって「野生の思考」における「同一性」とはわたしたちの既成の概念とは対照的に、個人の個人としてのかけがえのなさといったものに収斂《しゅうれん》するのではなく、個体の常なき変容と、異質なものの出会いの場としての個体の

可能性を意味するのである。（渡辺 2003：232）

この渡辺‐レヴィ＝ストロースの「個人としてのかけがえのなさ」に対して、わたしが「はじめに」に書いた「かけがえのなさ」は、「異質なものの出会いの場としての個体」のかけがえのなさを念頭においている。だから、「かけがえのなさ」と、「すり抜ける」ことや「切なさ」を重ねている。

＊37　この部分の記述は、猪瀬（2022；2023）と重なる。

第四章　急ぎすぎた抱擁

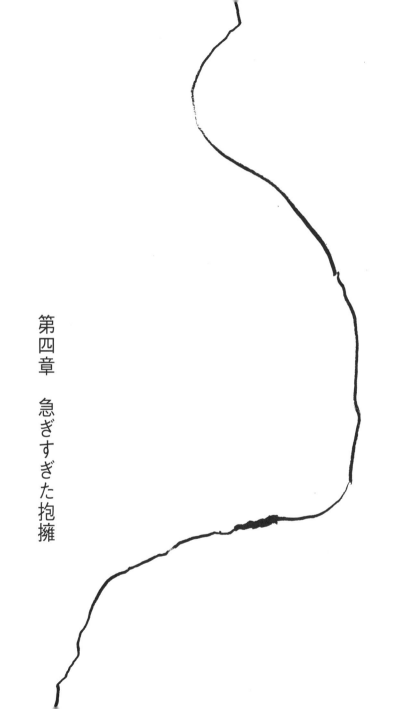

父とヤギさん

ヤギさんの死

日本の世間で、新型コロナウイルスが横浜港に停泊したクルーズ船の中の問題のように捉えられていた二〇二〇年の二月十日、八木下浩一さんが亡くなった。
八木下さんは、埼玉の障害者運動の先駆者のひとりであり、わたしにとっては、故郷の大人の一人だった。八木下さんは、みんなに親しみをこめて、「ヤギさん」と言われていた。わたしもいつしか、八木下さんのことをヤギさんと呼ぶようになった。

わたしが、ヤギさんのことを初めて懐かしく思い出したのは、二十歳の頃のことだ。わたしは何かを探してウズベキスタンのサマルカンドまで一人旅をしていた。しかし、特にこれといった感動を期待したように得ることはなく、ただ時間が流れていた。そんなときに泊まっていた宿で知り合ったパキスタンから来ていた行商人に、「お前はこんなところまで旅をしているが、地元に何もないのか」と言われた。わたしは地元のことを振り返った。思い浮かんだ顔の中には、ヤギさんがいた。彼ら、彼女らのことを、わたしはどれだけ知っているのだろうかと思った。帰国したら、彼らに会いに行ってみようと思った。思えば、その頃に福祉農園は開園していた。

子どもの頃、家族の会話にヤギさんの名前はよく登場した。ヤギさんと聞いて、最初はメーメー鳴く山羊の姿を想像していた。実際会ってみると、やせた坊主頭の、眼鏡をかけた中年男性だった。それでも、母親や、ほかの大人たちもヤギさんと呼んでいたが、父だけは、ヤギさんと呼ぶことはほとんどなく、やぎしたと呼んでいた。

ヤギさんの訃報を受けて、考えた。二月十三日から二月十五日まで、わたしは郡上八幡《ぐじょうはちまん》と関西に出張する予定だった。ヤギさんのお通夜は二月十四日で、郡上八幡をお昼過ぎに出ればギリギリ間に合う。告別式には出ずに、翌朝大阪に向かえばいい。わたしは、二つの旅を切り離すことにした。

郡上八幡に旅立つ朝、「明日はヤギさんのお通夜に行くので、喪服を持っていかなければならない」という話を妻にしたら、当時三歳の次女が「アイちゃんはウサギとか、ウマがいるところに行きたいなあ」と返した。実際に彼女とヤギさんが会うことはなかったが、こうやって、ヤギさんを山羊さんと思う心性は次の世代に継承されていくのだと思った。

ヤギさんのいる食卓

ヤギさんはときどきうちにやってきて、わたしの家族と晩飯を食べた。脳性麻痺で四肢に障害のあるヤギさんが、ストローでビールを呑んでいる姿を、少年時代のわたしは不思議そうに眺めた。

父や母や兄はヤギさんと呑み語っていた。熱く議論することもあれば、ともに笑うこともあった。言語障害のある、ヤギさんの言葉は、わたしには聞き取りにくかった。兄の高校受験が始まる頃で、三人は養護学校がどういう場所なのかについて話し合っていた。わたしは社会科の副読本の中で地元の地図に養護学校が載っていたのを思い出した。そのことを父と母に語ったら、ヤギさんが「そうなの？」とわたしに尋ねた。ヤギさんから質問されるとは思っておらず、わたしは返事ができなかった。

兄の高校受験が不合格になったことをめぐって、同じように不合格になった知的障害のある人やその家族とともに、運動が起きた。大人の障害者やその支援者も運動に合流していった。

そのクライマックスとも言える瞬間は、一九八八年の五月、埼玉県庁知事室を数日にわたって占拠した事件だ。[*38] わたしは、学校を休んでそこに参加していた。不合格にされた子の親たちの涙まじりの語りがあり、大人の障害のある人たちの学校に行けなかったことへの悲痛な叫びがあり、そして交渉相手となっていた教育局の職員たちや、占拠した人びとを排除しようとする管財課に対して発せられる怒号があった。その合間に、笑いがあり、よもやま話があった。最後の夜にようやくやってきた教育長に対して、父や母、他の家族、大人の障害者たちが語りかけた。埼玉の障害者当事者運動の代表的な闘士であるヤギさんは、言語障害のある人の話を聞き流そうとする教育長に詰め寄り、「俺の話を真剣に受け止めてください。こういう事態がなぜ起こったかわかりますか。障害者の言葉を聞かないわけだよ。聞かなくてもいいというばかりに、差別ということをやったわけだよ」と叫んだ。

そうやって激高する大人たちの傍らで、わたしは不安と呑気を抱えながらの数日間を過ごした。

思春期になると、わたしは障害者運動にかかわらなくなった。兄と両親は、県立高校の定時制を目指して運動を続けつつ、兄や仲間の働く場所をつくるために奔走していた。わたしは自分のことだけを考えていた。それでも、中学校には六歳上の兄を知る教師もいたし、同級生の多くは兄の存在を知っていた。

高校生になると、同級生には兄の存在を知る人はいなくなり、わたしと埼玉の障害者運動との距離はますます離れた。

故郷からの客人たち

大阪の大学に入り、二十歳になる頃から、地元埼玉の障害者運動にまたかかわるようになった。ウズベキスタンから中国に至る旅から帰った頃のことだ。

当時、社団法人埼玉障害者自立生活協会では、全国交流事業というのをやっていて、埼玉の障害者たちが、わたしの暮らしている大阪にもやってきて、障害者解放に取り組む団体と交流した。大阪からわたしは合流し、子どもの頃に出会っていた人びとと再会した。当時からよく知っている人も、初めて会う人もいたが、どちらにしろ故郷からやってきた懐かしい人のように感じた。その中の一人が、ニシさんだった。大人になって彼らと行動をともにし、酒を呑んで語るうちに、傍らで眺めているだけだった人たちがぐっと身近になっていった。彼らも、ちいさい子どもだったわたしが大きくなったのに驚き、そしてかわいがってくれた。

彼らとともに大阪の障害者運動の方々と交流した際、ヤギさんが全国的にみるとずいぶん偉大だったのだということに気が付いた。立岩真也さんが書いた障害者運動の歴史を読みながら、全障連（全国障害者解放運動連絡会議）の創設メンバーとしてのヤギさんや、障害者問題の総合雑誌『そよ風のように街に出よう』の編集長だった河野秀忠さんの悪友としてのヤギさんを知った。[*39] 一方、埼玉に帰ってヤギさんの話をしていると、ヤギさんが万感をこめてたたかったであろう、二十代後半での小学校への就学闘争は、ヤギさんの宿敵であるうちの父や、ヤギさんの弟分・子分たちから、「大人になってから、小学校に入るなんて、どっか狂っているよな」とか、「自分のクラスの友だちと遊んでいたら、突然ヤギさんが現れて困った」とか、どこか冷ややかに、どこかあたたかくつっこみつつ語られていた。[*40]

「あいつの障害は、性格の悪さだけだよ」と父はよく語っていた。

大人になったわたしはヤギさんとも酒を呑んで語るようになり、ヤギさんは「こんなにちいさかったんだよなあ」と言いながら、わたしが成長したのを喜んでくれた。

ふたりの闘争《ふれあい》[*41]

「親がいちばんの差別者だ」と叫ぶヤギさんは、実は誰よりも自分の母親に頭の上がらないマザコンだった。一方、学生運動を経験した父は、障害者運動の関係者からは「あの人は、親が活動家になったのでなく、活動家が親になったのだ」と評されており、だからよくぶつかった。

団地のうちの家で、ビールを呑んで酔っぱらったヤギさんが、タクシーに乗って帰ると言うので、父に言われて腕を支えながらタクシーに乗るまで見送ったのは、わたしが中学生になった頃だろうか。わたしたちの家のある階に止まるエレベーターはなく、当時まだ歩いていたヤギさんと手すりのない階段をゆっくり下った。

その頃の父は運動の方針をめぐって、ヤギさんに対して何度も怒っており——兄の高校入試は四年以上続いていた——、ヤギさんの家に電話をかけ、その弟分・子分の人たちに電話をかけ、怒鳴りながら長時間話していたのをよく覚えている。その頃はわたしが障害者運動にかかわっていない頃で、ああまたやっているのだなあと思いながら自分と兄の部屋に戻った。といっても、狭い家なので父の声は筒抜けだったのだが。

うちに呼んで一緒に酒も呑むのに、電話越しで怒鳴り散らす、二人の関係が当時はよくわからなかった。

言語障害のある人の言葉は聞き取れないことがあるけど、やぎしたの言葉だけはどんな言葉も聞き取れるんだよなあ、と父はよく語っていた。

わたしが大学院に進学した二〇〇一年の学校教育法施行令改正問題[*42]のときには、ヤギさんと父は二人で仲良く永田町の議員会館に出かけていって、文部科学省との交渉にも参加していた。ヤギさんが口火を切って文部官僚に詰め寄り、父が適当なところでヤギさんを制止し、データを出しながら追い詰める。二人の息がぴたりとあっていた瞬間だった。交渉のあと、議員会館の食堂で、寿司を食べ、ビールを呑んでいた。父はヤギさんの食事介助をし、車椅子を押して電車に乗り、ヤギさんの家まで帰った。

兄の弔辞

郡上八幡から帰るバスをまちがえて、ヤギさんのお通夜には遅れて参加した。多くの人はもう帰っていたが、父はまだ残っていて、昔の付き合いの人と一杯やろうということになった。思い出話を語っているうちに、わたしは関西への出張をとりやめて、翌日の告別式には参列すべきだと思いはじめた。

告別式には、兄も参列した。兄は、わたしよりもはるかにヤギさんと縁が深く、ヤギさんの坊主頭を触るのが好きだった。県との交渉で役人に詰め寄って怒号を発し終わって席に着いたヤギさんの坊主頭を、兄はその感触を楽しみながらなでていた。ヤギさんも、兄がなでるのに任せていた。わたしにとって、兄に頭をなでられているその姿が「ヤギさん」という呼び名をもっとも象徴する。さらにいえば、わたしにとっての故郷というものの姿をもっとも象徴する。血縁関係のある兄が、血縁関係のないヤギさんとなごやかにまじわる。その向こう側に、県庁の人たちがいて、こちら側と向こう側とで血の通った言葉を交わそうとせめぎ合っている。

葬儀が終わり、ヤギさんを乗せた霊きゅう車が葬儀場を去るとき、兄は「えええええええーーーっ」と叫んだ。甲子園の試合の終わったあとのサイレンのように。兄なりの別れの挨拶だと、周りにいた人たちはみな理解していた。
二〇一七年に雑誌『現代思想』でヤギさんのインタビューが企画されたときに、自分がインタビューをすることはあまり考えなかった。わたしの研究仲間がその役をになって、ヤギさんの重要な言葉を引き出しているのだが、あのとき、自分もついていくべきだったと、悔やむ。[*43] ヤギさんとしんみり話すまもないまま、故郷の懐かしい人は亡くなっていった。

ヤギさんの死の翌年である二〇二一年のお盆の頃、父がわたしの家に晩飯を食べに来た。その年、兄が毎年参加していた夏の旅行が中止になった。旅行を主催してきた越谷・春日部で活動する障害者団体「わらじの会」の人たちから父へ、兄を旅行に送り出してきた立場で思い出を語ってほしいとの連絡があった。わたしは父にスマホのカメラを向けて、思い出を尋ねた。父は、「いつも楽しそうに見送っていました。本人は電車移動が多くて楽しかったようですね」と返した。わたしは続けて「今年旅行がなくなったことについて一言」と尋ねた。すると父は、「いい加減な死に方したねえ。そう思っているよ」と淋しそうに語った。

旅行が「なくなったこと」を語っていたはずの父は、いつのまにか一年前のヤギさんが「亡くなったこと」について語っていた。

その日の昼間、父は病院に緊急搬送をされた。コロナ第五波の頃のことだ。

眠る父

夏休みの緊急事態

二〇二一年、小学生になって初めての夏休み、長女はわかば塾に通っていた。わかば塾は、塾という言葉でイメージされるものとは程遠い。塾は、主宰者でもあるフジモトさんが妻のミノさんと一緒に暮らす家である。蔦のからまった家のドアは、だいたい開けっ放しになっている。玄関には子どもたちのサンダルが並ぶ。ミノさんとフジモトさんの私室、キッチンとダイニングを脇に見ながら、本が並べられた階段を上っていくと、教室になる部屋がある。机と椅子のある部屋と、ちゃぶ台の部屋がある。教材だけでなく、漫画やパズル、将棋、古いパソコン、カメの骨格標本があちこちに置かれている。クーラーはなく、窓が開け放たれ、オレンジ色の業務用大型扇風機がまわっている。塾に通う子どもたちはパズルをしたり、漫画を読んだり、勉強したりする。猫たちはこの家の内と外を自由に行き来しており、気づけば子どもが生まれて、塾の関係者によってもらわれていく。

長女は、塾に通ううちにパソコンのキーボードの打ち方を覚え、作文を書くようになった。それはつまり、ローマ字を覚えたことでもある。フジモトさんは「学校ではローマ字を覚えてからパソコンの打ち方を教えるけれど、順番が逆なんだよね。まず文章を書きたい欲求があれば、自ずとローマ字も覚えてしまう」と、わたしに説明してくれた。

長女はそうやってパソコンやパズルで遊び、塾の前の公園でカメを散歩させたりした。ときには、四歳になった次女も一緒に参加した。次女は、わかば塾の混沌とした空間を愛した。

父のケアマネージャー（以下、ケアマネ）から緊急の電話があったのは、わかば塾に長女と次女、末っ子の長男の三人を連れていった日のことだ。

朝にやってきたヘルパーがわたしの実家に入ると、ひどく大きないびきをかきながら、父が眠りについていた。ヘルパーは名前を何度も呼び、からだを揺さぶったが、父は起きなかった。ヘルパーから連絡を受けたケアマネも現地にかけつけてくれた。意識が戻らないことを心配したケアマネがわたしに電話をし、救急車を呼んでもいいかと尋ねた。電話越しのケアマネの声の後ろで、父に呼びかけるヘルパーの声が聞こえた。

東京オリンピックが数日前に閉会した頃のことだ。

当時は、デルタ株を中心とする新型コロナウイルスの第五波によって、医療のひっ迫がメディアで盛んに叫ばれていた――そして一年後にはすっかり忘れられたが、四回目の緊急事態宣言が発令されていた時期でもある。起き上がらないが息はしていることを聞き、わたしは父のいびきが昔からひどく大きいことを説明した。わたしは救急車を呼ぶのをためらった。それでも、万一のことがあるからというケアマネに背中を押されて、救急車を呼ぶことをお願いした。

幸い、救急隊には連絡がつながったそうだ。救急隊から言《こと》づけられたケアマネに、わたしは病院への付き添いの可否を聞かれた。妻は仕事に行っていた。フジモトさんは、本当は午前中で帰るはずだった上の二人を、夕方まで預かってくれると言った。末っ子である長男だけを連れていっていいかを救急隊に確認してもらい、わたしは車を走らせた。

パジャマの二人、看護師の微笑み

父が運ばれた病院は、コロナウイルスの重症患者を受け入れる病院だった。父の持病のかかりつけの先生がいる病院でもあったので、搬送先に選ばれた。病院へ着くと、受付で緊急搬送された父の居場所を聞いた。長男を連れて、父が運び込まれた病棟まで行き、受付で指示された入り口から中に入った。そこにいたスタッフから、父の状況を聞いた。PCR検査を含む種々の検査を受けたが、深刻な問題はなく、すぐに退院できるだろうと言われた。

わたしたちは待合室に案内された。待合室は無人だった。振り返ると本来の入り口があり、内側に向けて「感染危険区域　進入禁止」と書かれていた。待合室の向こう側には緊迫した様子の医師や、看護師たちがやってきた。その姿を見て、この病棟の奥で行われている事柄を想像した。まさに緊急事態宣言を象徴する場に、二人とも短パンとTシャツ姿の、中年と二歳の子どもがいる。

少ししてからわたしは、長男がウンチをしているのに気づいた。彼をトイレまで連れていくと、緊急事態に翻弄される中で、替えるタイミングを失っていた彼のオムツは決壊し、ズボンを汚していた。着替え用に持ってきたズボンを、急いで穿かせた。

しばらくして、彼が穿いているのはパジャマなのに気づいた。着替え用のズボンを、わたしがまちがって持ってきていたのだ。

パジャマを穿いた長男は、待合室を我が物顔で歩きはじめた。わたしは鞄に入れていた武田麟太郎の『蔓延する東京——都市底辺作品集』を読みながら、ときに病棟の奥に入らないように声をかけた。

やがて、奥から女性の看護師が現れた。長男の姿を認めると、緊張していた彼女のからだがゆるんだ。彼女は微笑み、そしてワーッと彼に手を振った。でもそれはほんのひとときのことで、彼女は「こんなことをしている場合じゃないんだ」と呟き、意を決したように身をかたくしながら、わたしたちの前から去っていった。

コロナ禍の「最前線」で働く医療従事者に対する感謝は、さまざまな形で語られた。しかし、感謝の言葉を語る世間の人びとは、自らを「銃後」の安全な場所において、「最前線」とは一線を引いていた。感謝をしながら、コロナウイルスと身近にある場所からは、できるかぎり距離を置こうとした。*44

そんな中で、わたしと長男は、眠る父に導かれて、呑気な身なりで「最前線」の傍らにやってきた。そこは、とても静かな場所だった。束の間、医療従事者と二歳児が、ふれあわない距離でふれあった。

それこそが、大きな声で叫ばれた「緊急事態」にかき消されることなく、絶対に記憶すべきことのようにわたしは思えた。

父は、看護師に付き添われて待合室にやってきた。夜用の薬を、朝方に飲んでしまったのが、深い眠りについてしまった原因だった。

パジャマ姿の父と長男を車に乗せて、わたしは実家に帰った。父が着替えている間、長男は近くの公園で遊んだ。父をわたしの家まで連れて帰り、家族で晩ご飯を食べた。

父がヤギさんの死を「いい加減な死に方」と淋しそうに語ったのは、そのときのことだ。

蔓延する東京

『蔓延する東京』の解説で、この本の編集者であり版元でもある下平尾直《なおし》は、刊行の目的を次のように書いている。

武田麟太郎にとって「風俗」とは、「大衆化」や「通俗化」という言葉で連想されるそれのことではない。かれがしばしば「風俗小説」と見なされる都市の底辺を描き続けたのは、そこに生きる人びとを「暗黒」や「下層」に分類することで、社会を構成する階級や公序良俗に取り込み、同調させるためではなかった。それは勤勉、清潔、秩序、従順、合理性、生産性をはじめとする排他的で常識的な価値観やシステム、イデオロギーへの叛逆であり、それらから逸脱してしか生きていけない人間のありのままの姿であり、「反風俗」なのである。（武田 2021：364-365）

この部分を読み、付箋をはりながら、父によって巻き込まれたこの一日は、新型コロナウイルスが蔓延する東京の周辺の都市における、一つの風俗であることを想った。からだがだんだんと動かなくなる中で生活リズムが崩れ、昼夜が逆転した父は、朝方近くまでパソコンの前に座り、本来夜に飲むべき薬を、朝方に飲んだ。ヘルパーがやってきて、彼が起き上がらないこと、呼びかけても返事がしないことを不安に思い、ケアマネに電話した。ケアマネがわたしに確認をとり、父は救急車で運ばれ、ひっ迫する病院の中で検査を受けて、何事もないと診断された。それはまた、感染拡大を防ぐことや、医療ひっ迫に拍車をかけないことを絶対視する風潮の中で、共感されがたいものだろう。

でも、どうすればいいのだろうか？　わたしは父と同居し、彼を付きっ切りで介護することなどできない。彼もまた、うるさく口出しするわたしがずっと付き添うのは望まないだろう。四六時中誰かに見守られる場所よりも、住み慣れた場所で自由に暮らすことを望んでいる。

蔓延する東京が、戦後、埼玉を呑み込んでいく。父はその流れの中で、母と兄とともに東京から埼玉に移り住み、そのうちに、わたしの実家となる団地に住みはじめ、わたしが生まれた。蔓延する東京が呑みつくすことのできなかった、見沼田んぼの保全運動にかかわりはじめ、家族や仲間たちと、そこに福祉農園をつくる構想が生まれた。要望書をつくり、提出する先に、福祉農園は生まれた。彼はその代表になり、さまざまな意思決定をしていった。農福連携という言葉がなかった頃に、その原型のような場所が生まれた。

二〇二一年の八月の早朝、団地の一室で父は深い眠りについた。彼の眠りの意味を説明する人は、周りに誰もおらず、万一のことを心配したヘルパーやケアマネが、少し離れた場所に暮らす次男に電話をかけた。

彼の孤独について、詳述はしない。ただ言えるのは、同じように孤独な眠りにつく人が、蔓延する東京の周辺に数限りなくいることだ。東京に蔓延するのは、コロナだけではない。[*45]

衰えるもの、持続するもの

父は難病を患い、二〇一七年には初めてのリハビリ入院をした。周りから心配されても続けていた車の運転も、自分でやめた。それは、一人では農園に来られなくなることでもあった。

全共闘世代の精神を体現するような父は、「一点突破の全面展開」を信条にしており、独断専行を恐れなかった。ときに批判を浴びたが、それをものともしなかった。埼玉県の事業としてはじまった見沼田んぼ福祉農園は、福祉政策にも、農業政策にも明確な位置づけはなく、高らかな目標とは別に行政的な基盤は脆弱だった。開園当初の農園を整備することも、参加する障害者団体間の調整をすることも、基本的にはボランティアにゆだねられた。それを乗り切ったのは、日々農園で働く障害のある人びとや支えてくれるボランティア、そして近隣農家の理解とともに、父のリーダーシップによるところが大きい。

わたし自身は大学生の頃にその活動に巻き込まれどっぷりとつかった。わたしやその同世代の仲間たちは、農園を使ってさまざまな誤った判断をした。たとえば、毎月一回の農業体験イベントに力を入れるあまり、日常の農作業をおろそかにしてしまったり、あるいは日常的な農園での活動を、あまりに年少の子たちにも開放してしまったため、その世話に追われて、作業が追いつかなくなるどころか、彼らの安全性の確保ができなくなってしまったり。そんなわたしたちのことを父は、イベント志向、消費志向と言って厳しく批判し、別の活動の方向を示した。そのうちに、わたしたちは農業にしっかりと向き合うようになり、同世代の農家出身の若者たちと出会い、全国各地の農村の人びとと出会うようになった。それが、確実にわたしの世界を広げた。

父の衰えを感じたのは、わたしが大学に就職して一、二年経つ頃のことだ。父の判断したことが、どれだけ議論してもわたしには納得できないこと、理解できないことが出てくるようになった。東日本大震災と東京電力の原発事故が起きると、父は深く心を痛め、混乱した。それは、放射能汚染された場所で、農業を続けることについて整理ができなかったということだった、と今振り返って思う。やがて、難病が発症し、からだが思うように動かなくなった。それでも農園に通い続けていたが、できる仕事は減っていった。

冬になると、父は梅の木の剪定を気にかける。それはその作業が、立ったままの姿勢でできる作業でもあるからなのだ、と今わたしは思っている。

農園に来る回数は減りながら、それでも父は農園を気にかけ、やれることをやってきた。父が前のように通えなくなる中で、兄はこれまで同様に平日は毎日農園に通い、作業をし続けている。東日本大震災と原発事故が起きたあとも、新型コロナウイルスが世界を騒がせる中でも、兄は毎日農園に通っている。

転倒の先

現代の古民家

新型コロナウイルス感染症が広がる中で、父の持病が悪化し、転倒することが増えるようになった。出先で転び、団地のゴミ捨て場や駐車場で転び、家の中でも転ぶ。次第に、車の運転もできなくなった。

団地の隣人から、ゴミ捨ての際にたびたび転倒する父を心配しているという連絡を受け、実家にかけつけたのは二〇二一年一月下旬のことだ。長女と次女は保育園に行っていた。妻に用事があったので、保育園にまだ入っていなかった長男を自転車に乗せた。

団地に着いて、駐輪場に自転車を停めた。チャイルドシートから、長男を下ろした。

団地のてっぺんを見上げた。ここで積み上げられたさまざまな事柄の途方もなさを思った。およそ三〇〇世帯の人びとが、半世紀近くにわたって、入れ替わりもありながら、この場所に住んできたのだ。あちらこちらに友人や知人のかつての家があり、現在の実家があった。

この団地に、わたしは生まれてから十八歳まで暮らしていた。わたしが生まれたとき、家には、父と母、兄、居候の大学生が暮らしていた。兄だけでなく、わたしの面倒をよくみてくれたその大学生は、やがてアパートに移った。彼が引っ越してからしばらくして、妹が生まれ、家族が一人増えた。わたしが中学生になる頃には、隣町でもらった猫が住みはじめた。そして大学生になる頃に、わたしはこの家を出た。

久しぶりに団地の通路を歩くと、さまざまなことが思い返された。

小学生の頃、近所にあった駄菓子屋で買った匂い玉を、通路の排水溝に落としてしまったこと。中学からの帰り、家まで向かう途中のさまざまな気持ち。上層階に暮らしていた友人が、遠くの街に引っ越すのでお別れに行くことになり、なるべく時間をかけて彼の家まで行くため、エレベーターを使わず、階段を使ったこと。団地の上階で飼われていて、エレベーターを使って団地内を出入りしていた雑種犬。なぜかいつも小便くさかったエレベーターの匂い……。

実家に着き、ドアを開けた。長男は何事かを感じ、おののいて泣いた。家族の数が減った家は、昔よりもほの暗く、そしてどこか懐かしいような、今まで感じたことのないような匂いがした。長男を抱き上げながら、小学校に上がる前の自分が、母方の曽祖母の家に行ったときのことを思い出した。あのとき、猫のいる縁側から家の奥を覗いたわたしが抱いた感情と、長男がそのとき感じたものがどこかで重なっているような気がした。団地の古びた一室は、もはや「古民家」と呼ぶべきものなのだろう、と思った。

父と話をし、隣の家へ出かけた。呼び鈴を鳴らし、父よりも少し年上の隣人に挨拶すると、団地住民のボランティアグループが、ゴミ捨てが難しくなった人のゴミ出しを代行しているのを教えてくれた。詳しいことは管理人に聞くといいと言われ、管理人室に向かった。管理人は、ボランティアグループの代表に電話をかけてくれた。代表は、すぐ降りてきた。父と同年配のその人は、管理人に告げられた部屋番号と名前を聞き、以前父に世話になったことを思い出したと言う。今はコロナでボランティアグループの活動は活発にやれていないのだけど、何か手助けしたい、と語った。父の状況を伝え、ゴミ出しの相談をして、わたしはまた父の家に戻った。

父も、その隣人も、たぶんボランティアグループの代表も、この団地に移住してきた第一世代の人たちだ。入居したての第一世代が、夏祭りや餅つきなどのさまざまな行事をつくり、集会所を使ってさまざまな活動をしていた。夏祭りのため、鉄パイプとコンパネで櫓《やぐら》が建てられると、わたしの心は浮き立った。数日前から毎晩盆踊りの練習が行われ、わたしたちは白熱電灯の提灯《ちょうちん》に照らされた夜の公園を走り回り、駄菓子屋で買った花火をした。当時は、葬式も団地の集会所で行われた。わたしのこともかわいがってくれた、幼馴染のおじいさんの通夜と葬式も、そこで行われた。

そんなことを思い出しながら、曽祖母の葬儀が、曽祖母の自宅で行われたことを思った。彼女が亡くなったあと、曽祖父が戦前に建てた家は取り壊されて、マンションに変わった。六十年が経つと建て替えもしなければいけないという、団地の管理人の話を思った。

この団地が取り壊されたときに、そこはどんなふうに変わるのだろうか。そのとき、長男は、わたしが曽祖母の家のことを想うように、この団地で暮らす父の家のことを想い出すのだろうか。

俺の家の話

ボランティアグループの代表から、わたしの携帯に電話をもらったのは、その日の夕方のことだ。代表は、ゴミ捨てだけでなく、暮らし全般に介護が必要なのではないかと心配し、であれば包括支援センターに電話したらいいのではと助言してくれた。父の意思を確認してから、包括支援センターに電話をした。ケアマネはすぐに父に会いに行くとこたえた。

初めてケアマネがやってきた日、ケアマネは父のからだの状態をみて、ヘルパーを入れるべきだと考え、介護認定を受けることをすすめた。父もそれを望み、わたしの日程と調整して介護認定を受けることになった。

ちょうどその頃、テレビでは宮藤官九郎の脚本による「俺の家の話」が放映されていた。能楽の家元一家の当主を西田敏行が演じ、その介護に奔走する長男を長瀬智也が演じていた。宮藤官九郎の作品を、わたしはよく見てきた。「俺の家の話」は、ほかの作品のようなアップテンポなテーマソングもなく、ハイテンションな展開もなかったが、心惹かれるものがあって毎週楽しみにしていた。

介護認定の当日も、長男を連れて行った。ケアマネに挨拶し介護認定調査員を紹介された。この認定員が本当にすごい人だった。持病の特性で、ペンギンのように、足が小刻みに動いて早歩きのようになってしまう父の姿を見て、「この人はこんなに速く歩ける人なんですね」と言った。ケアマネは、それが父の持病特有の症状であることを説明してくれた。その後も、医療的な知識もケアする心もないような言動が続いた。彼女が、からだの動かない父がやむを得ずやっている行動を「それはわがまま行動ですね」と断じ、判定をする紙に何事かを書いた瞬間、ついにわたしは、「あなたの言動の一つ一つが父の尊厳を傷つけている」と抗議した。一歳児の登場で和やかにはじまった認定に、緊張が走った。介護認定調査員は、わたしに謝罪した。

認定が終わったあと、父はわたしに「なんであんなに怒ったのだ」と聞いた。わたしは、「あまりに許せないことが多かったから」と答えた。すると父は、「そうだったかな」と返した。

身体が動いた頃の父は、時間と場所に関係なく、ときに怒りをあらわにする人だった。わたしが学生で、原付バイクに乗っていた頃、交通事故にあったことがある。ウィンカーを出さずに左折したワンボックスカーに巻き込まれたのだが、警察署での取り調べの際には、わたしの前に座る屈強な二人の警察官から「運転手が悪いけれど、危険予測ができなかった、あなたの過失が少しはあったことを認めてください」と、言われた。わたしは同意を拒んだ。警察官たちは、「それを認めてくれないと帰れませんよ」と冷たく言った。

そのときのことだ。突然、部屋のドアが開き、部屋の前でわたしを待っていたはずの父が入ってきた。そして、事故に巻き込まれた息子が、なぜ過失があると言わなければいけないのだと、怒気交じりに抗議をした。その剣幕に警察官二人は狼狽し、その後、父も交えたやりとりが続いた。取り調べが終わって帰るとき、それまで大学院に通う年下のわたしに対して、小馬鹿にしたような、慇懃《いんぎん》無礼な丁寧語で接していた彼らは、「お父さんを大切にしろよ」と初めて年長者の言葉で、わたしに言った。

介護認定が終わって、父と会話をしながら、そうやって理不尽なことに怒るのが、もう父ではなく、わたしになっていることを思った。

認定は終わり、父の必要なものの買い出しに出かけたり、関係するところに電話をかけたりしているうちに、お昼を食べ忘れていた。おなかをすかせた長男を連れて、近くのラーメン屋に行った。

長男と二人で一杯のつけ麺を食べているうちに、わたしは「俺の家の話」で長瀬智也が演じる、プロレスラーでもある能楽一家の長男に自分を重ねていることに気づいた。

かつてのトレンディードラマで、信州の地方都市に暮らす、孤独な美少年を演じていた長瀬智也は、もう立派な中年になっていた。劇中、介護認定を受けた父親の介護をしており、未来も必ずしも明るくない。でも、傍らで今を生きる子どもたちがおり、自分を慕う後輩がおり、いびつな形でつながった家族がいて、古くからあるものと、今この時代に生まれたものが交錯していた。

父のヘルパーの入る生活が、こうしてはじまった。

老人と農園

久しぶりに父と農園に行ったのは、その翌月、二〇二一年の二月下旬のことだ。

団地に着いて、父の暮らす家に向かった。この日は、長男だけでなく、長女と次女も連れていった。わたしと子どもたちが家に入っていくと、父はすでに農園の用意をしており、農園に行くのを楽しみにしていた様子だった。薬やいろいろと足りないものを探したりして、結局出発まで二十分近くかかった。

農園に着き、作業をはじめると、人類学者のクボさんや、世話になっている編集者たちがやってきて、作業に加わった。ジャガイモを植える予定の圃場《ほじょう》に、馬糞堆肥を投入し、大根を抜いたあとの圃場に、馬糞と焚火が終わったあとの灰を投入した。傍らで、農園で活動する朝鮮学校の人たちも作業をしていた。

昼ご飯は、各自が用意したものを食べた。朝鮮学校の人たちが即席ナムルをつくってお り、それをお裾分けしてくれた。クボさんは、持参したキャンプ用のガスバーナーでお湯を沸かしてソーセージをゆで、さらにカップラーメンをつくった。長男は、彼のソーセージを興味津々のまなざしで見つめ、クボさんはそれを彼にわけ与えた。長男は、ラーメンも食べさせてもらった（その姿を見た子どもたちを中心にして、その後、農園でカップラーメンブームが起きた）。父は、わたしの妻が作ったお弁当を食べた。

昼ご飯の前に、見沼田んぼの周辺で暮らす、エンテツさんがやってきた。ライターで、大衆食堂の詩人と呼ばれるエンテツさんは、クボさんが出した家庭料理の本に自著が言及されていたこともあって、彼の研究に興味を持っており、また編集者とも旧知の仲だった。わたしが二人の来訪を告げると、二つ返事でやってきてくれた。詩人と人類学者の二人はぼそぼそと会話をし、詩人は帰り際にゴボウを植えてくれた。

その傍らで、父はかまどの焚火に薪をくべ、子どもが危険な火の扱いをしないか見守っていた。杖をつきながらカメラを持って農園の様子を撮影し、長女にカメラの撮り方を教えていた。そして何度か芝生広場で転倒した。

二〇〇二年に、農園を拠点に活動する学生中心のボランティア団体をつくったとき、その主な活動は農園にやってくる子どもたちを組織した「のうぎょう少年団」の運営だった。数年ののち、その活動は終わって、わたしたちは農業に関心を持つ同世代の人たちとのつながりづくりに移行していくのだが、さらに時が経ち、自分たちが子どもを持つようになると、気づけばイベントをしなくても子どもたちが集まるようになっていた。

この日、父や詩人の姿を見ながら、子どもたち対象にやってきたことを老人対象でやってていいのではないかと思った。アクティブに活動するわけではない。下手すると何もしないし、バランスを崩して転んだりもする。しかし芝生なので固い地面に比べれば安全ではある。そんな働かない老人が農園にいるというのは、福祉農園の意味を深めることのように思った。

思うようにからだが動く頃の父は、農園ボランティアの人たちは年をとって動けなくなると、去り際は綺麗に去っていくと、ことあるごとに語っていた。父はそれをいい話として語り、聞く人たちの多くも違和感を持っていなかった。しばらく経ってからわたしは、それはからだが動かなくなった人が、農園にはいられないことの裏返しでもあるということに気づいた。

そう語った本人が年をとっても農園にかかわり続けられるようにすることが、開園してから二十年以上の歴史を持ってしまった、超高齢化社会の中にある福祉農園の次のあり方なのだろう、と思った。

その着想を、父よりも少し年上の大衆食堂の詩人に語ると、同世代ばっかじゃ仲良くやれないよねと返された。まあずっと試行錯誤だろう。農園は狭くもないし、いろいろあるので、なんとかなるだろうとわたしは思った。*46

失踪／疾走

しっそうの先、ため息するわたし

二〇二一年三月二十八日の午前二時半に、兄はわたしの家から走り去っていった。兄の靴がないことを確認したあと、わたしはドアを開け、遠くに走り去っていく兄の声を聞いた。

この時間にやれることはない。朝起きたら関係各位に電話することにして、わたしは寝室に戻り、妻に兄がいなくなったことを告げてから一言二言しゃべり、布団に入った。

翌朝、母に電話をした。警察に連絡しないといけないことを確認し、ため息をついた。

その一年前の四月、新型コロナウイルス感染症に関する最初の緊急事態宣言が出された頃に、兄が実家を出ていってしまったことを思い出した。今考えれば必要以上に世間は緊張していた、あの頃のことだ。わたしは家の外に出ることすらためらい、誰もいないところでもマスクをつけていた。そんなときに兄がいなくなったという連絡があった。

あのときも、わたしはため息をついていた。わたしはマスクもつけずに出かけていった兄がコロナウイルスに感染することだけでなく、コロナウイルスが蔓延する中でマスクもつけずにいることで、周りの人たちに不安視や敵視されることを想った。二〇一四年の一月の大阪の天王寺へのしっそうのとき、兄が膝に大きなすり傷を負って帰ってきたことが、頭をよぎった。

兄が走り去っていく後ろ姿を見ながらかすかに感じた痛快さは、もうどこかに消えてしまっていた。

そうやって思いをめぐらせながら、わたしは、父にも電話したほうがいいのではないか、と思った。午前七時前後で、まだ寝ているのかもしれないと思ったが、父はすぐに電話に出た。兄がいなくなったことを告げると、父は「そうみたいだな」と平静な声で答えた。少し驚いたわたしが「誰から聞いたの？」と聞くと、父は「いや、後ろにいる」と答えた。

兄は、父の暮らす団地の家に帰っていた。

長男の帰還

兄がいつやってきたのかと聞くと、父は三時頃だと言った。昼夜が逆転していた父は、その時間も起きていた。その時刻に兄が突然家にやってきたようだ。わたしの家を出たのが二時三十分。兄は、四キロの道のりを三十分で走り抜けたということになる。今何をしているのか、と聞くと、これから朝飯を一緒に食べると父は答えた。それならあとで迎えに行くね、とわたしが言うと、父はいや別に来なくてもいいよ、と答えた。

その日の昼前に、わたしは父の暮らす実家に行った。

家に入ると、兄はパジャマのまま、父のベッドの上に腰を掛けていた。明日は農園での仕事があるから、今日はもう帰ろうと言うと、兄は「いわない」「だいじょうぶ」という言葉を繰り返した。兄がベッドの上から離れたくないのは明らかだった。父はうれしそうに昼飯の準備をしており、これから二人で食べるのだと言った。

二人がこの家でともに飯を食べるのは、数カ月振りのことだった。ずっと父と会っていなかったので、兄は実家に帰りたかったし、父も兄に会いたかったのだ、とわたしは思った。

わたしは兄と父に、兄が翌日の午前中は農園の仕事を休むことにしたこと、午後からは仕事に行くこと、だからお昼に迎えに来ることを伝えた。その日は久しぶりに、父と兄とで過ごすことになった。

翌日、実家に行くと、すでに兄は朝ご飯を食べて、畑の作業着に着替えていた。わたしが出かけるよと言うと、兄はすぐに動きはじめた。兄は父に「じゃあね」と挨拶をして別れた。

兄が父のいる家に帰ったことを知ったとき、わたしは子どもの頃から世話になっている年長の人に、ことのあらましを書いてメールで送った。長年、兄やわたしの家族とも深い付き合いのある彼女は、次のような返事をくれた。


言葉で勝手に解釈されてしまうから行動で表現するリョウタがいいね。

この前の金曜日に最終回を迎えた長瀬君の「俺の家の話」というドラマがいいなあと思うのですが、リョウタの話は、それに近いものを感じてバタバタドキドキしたコウヘイ君たちは大変だったでしょうがわたしはほんわかしました。そんなはなしがもっとできれば何かが変わるようなきがするんですね。

わたしは「俺の家の話」の「俺」が、自分だと思っていた。

しかし、本当の「俺」は長男である兄だったのだということに、そのメールで気づいた。数週間後に彼女とわたしが直接会った際にこのときのことを話すと、彼女は、兄は家族に心配されているようだけれど、実は家族を一番心配しているんだよ、ほかの障害のある人もみんなそうなんだよ、と語った。

かろうじてなりたつ

家族や地域などの人びとの共同性は、あらかじめ与えられた強固なつながりとしてあるのではなく、人びとの振る舞いや関係性のありようによって強められたり、弱められたり、ときにはなくなってしまったりする。*47

二〇二〇年四月一日、母方祖母の世話が必要になって、母とともに病院に出かけたことがある。感染リスクを極力さけようと、電車は使わず、車で向かった。母と二人きりで過ごす車中の時間、わたしは祖母がかつて話してくれた曽祖父の話をした。

岩手の盛岡出身の曽祖父は、若い頃に東京に出てきて技師になった。戦中は国内各地や、朝鮮半島、満州でも事業を展開していた。曽祖父には妹がおり、それが唯一の肉親だったそうだが、彼女はスペイン風邪で若くして亡くなった。彼の従兄に富田砕花《とみたさいか》という詩人がいた。祖母が知るかぎり、曽祖父にとって唯一の存命中の親族は富田砕花だった。富田砕花旧居が芦屋にあって、わたしが大学一年生だった一九九七年に祖母と訪ねた。富田にゆかりのある方が住んでいて、祖母は自分と富田とのかかわりを語った。わたしはそこで、曽祖父がスペイン風邪で身内を失ったことを知った。

当時、新型コロナウイルス感染症とスペイン風邪をつなげる視点が、さまざまな形で紹介されていた。スペイン風邪のパンデミックを、わたしが自分と地続きに感じる手がかりは、祖母がしてくれた話だけだった。

祖母はわたしにさまざまなことを語ってくれた。母にはあまり多くのことを語っておず、曽祖父の妹の話を母は知らなかった。わたしは曽祖父と会ったことはなく――曽祖母にはかわいがってもらったが――、敗戦によって彼が虚脱状態になり、認知症になったという話や、敗戦前に大陸での事業にかけて一家で移住しようとするのを、曽祖母が必死に止めたという話を祖母に何度も聞かされた。曽祖父の代わりに大陸に渡った人が、その後大変な目にあったということも聞いた。それがどういうことなのかを、聞いたことはない。祖母自身も知らないのかもしれない。

　曽祖父とその妹、祖母、母、わたしはそれぞれに分割されながら、自分でしか受け取れない出来事を分かち持つことによって、かろうじて親族という〈つながり〉はなりたつ。そのかろうじてある〈つながり〉は、新型コロナウイルスによって呼び覚まされた「スペイン風邪」の記憶によって導かれたものである[*48]。

　同じようなことが、二〇二一年三月二十八日のわたしたちの団地の家においても起きた。かつて団地の一室で暮らしていた「家族」が雲散《うんさん》霧《む》消《しょう》する予感の中で、まだ夜も明けない街から、兄が帰ってきた。父は彼を迎え入れ、二人で朝ご飯を食べた。わたしは、父が普段眠っていたベッドに三角座りをしている兄の説得をこころみたものの、ついに断念し、翌日やってくることを告げた。

父と兄という最小単位のメンバーによって、一家の団欒《だんらん》が束の間に復活した。兄が帰還し、わたしも帰還し、三人の男たちが何事かを言い交すことによって、わたしたちという「家族」はかろうじてなりたつ。

言葉よりもはやく

しっそうは、失踪と疾走のあわいに位置する。

兄はわたしが暮らす家からいなくなった。わたしはそれに驚き、警察に電話をかけようとした。警察が連絡を受けたら、それは知的障害のある人の失踪事件として処理しただろう。

しかし、兄は失踪したのではなかった。兄は父の暮らす家に向かって疾走していたのだ。四キロを三十分で。

誰かの解釈や思いやりや差別によって、言葉を与えられるよりも前に、全身の、全力の運動によって自分自身の意思を表す。それはろくでもない世界から逃げることであり、新たな世界を求めることでもある。走り出す身振り自体が、新たな世界のあらわれそのものでもある。

それは意思の表明とか、意思の疎通ということの固定観念を打ち砕く。二〇一六年の七月、津久井やまゆり園で多くの障害のある人を殺傷した犯人やその賛同者の「意思の疎通ができない人間は生きるに値しない」という思考に対する、もっとも本源的な批判である。それは批判の言葉でなく、批判そのものの運動である。

相模ダム建設殉職者追悼会において、ダム建設の犠牲者と津久井やまゆり園で殺傷された人びとに捧げる黙禱の沈黙の中で、兄は「あーーーー」と叫んだ。叫ぶことを止めようとしていたわたしは、いつしか叫ぶことができるのに、叫んでいない自分に気づかされた。同じように、わたしは兄がいなくなってしまったのを失踪と片づけようとした。だが、兄の行く先を知ったとき、疾走できるはずなのに、疾走していない自分自身を突きつけられているように感じた。

コロナウイルス感染症が広がっていく中で、まったく飼いならされた走りとして聖火リレーが実施された。ほかの関係者のすべてがマスクを着用し、沿道に群れることがないように呼びかけられた。そんな中、唯一マスクをつけていないリレー走者が、聖火のトーチを持って走る。そうやってつながっていくリレーが、つなぎとめようとしていたものの愚かさの一端は、オリンピックがはじまるずっと前から、つぎつぎと明らかになっている。

兄は、父の暮らす家にひた走った。

二〇二一年三月二十八日の兄のはしりよりも明瞭な意思の表明を、わたしは知らない。

旋回としっそう

束の間に共用する

沈黙を無意味にするのは、暴力である。

沈黙する人に対し、その人と意思疎通などできないと思って、存在を無視する。あるいは、ある人の発する声や言葉が耳慣れないことに当惑し、自分自身が沈黙する。その決まりの悪さの中で、自分と意思疎通ができないその人の存在を意味のないものと断じる。その人と声やまなざしを交わして、その人にふれながらお互いに何かを確かめ合うこと、そういう世界との向き合い方を拒否する。

他者とのまなざしの交換を通して、自己はつくりだされる。わたしは相見《あいまみ》える他者にもなり、わたしが能動的にやったことと受動していることは縒《よ》りあわされる。狩人は獲物のまなざしと自分のまなざしを重ねる。重ねながら、獲物を狩る。シャーマンは神霊に呑み込まれながら、呑み込まれまいと踏みとどまる。このとき、狩ることと誘惑は同義になる、と人類学者の石井美保は書く（石井 2019：102–106）。

その一方で、石井はまなざしの交換のない状況についてもふれる。石井のフィールドワークの途中、インドの長距離バスの休憩地点の路傍で、六人の男たちが一列に並び、凍りついたように自分を凝視している。見返しても、表情を変えることなく凝視し続けている。その、まるで理解できない、人ではないものを見ているような凝視について、石井は「生きている相手の顔を奪い、〈物＝対象〉と化す視線こそが、相手を物として簡単に消し去りもするのだろう」と書く（石井 2019：106）。

小学校の高学年になって、兄と二人で電車に乗って母方祖父母の家に向かう途中、一緒に電車に乗っていた高校生が兄に向けていたまなざしは、それと同じ種類のものだ。一見、障害のある人を理解しているつもりの人間が、障害のある人が予期せぬ振る舞いをしたとき――たとえば個性的で面白いと思っていた人が、面白いでは片づけられない言動をしたとき――に見せるのも、同じだ。

この物語では、誰かを人でないものとして扱う思考に対して、抗うための思考をずっと探してきた。それは、わたしの内側ではなく、兄とわたしの間、そこから広がる世界の中に現れていた。

石井の言葉を使えばまなざしの交錯をめぐるものである。わたしたちは経験を共有しているのではない。そんなことはたぶんできない。そうではなく、互いの身体を束の間に共用している。まなざしの交錯とは、他者のまなざしを束の間に共用することである。同じように兄の叫びやはしりに揺さぶられることは、他者の叫びやはしりを束の間に共用することである。共用しながら、こすれながら、摩耗しながら、わたしたちは他者の断片を身にまとい、変転していく。そして変転する、切ない存在であるわたしたちが、世界を形成する。[*49]

フライデイの旋回

沈黙を意味で満たしてしまうこともまた、暴力である。

「蟹の虚ろなまなざし、あるいはフライデイの旋回」と題された文章を読んだのは、わたしが大学三年の頃だ。映画「セブン」のラスト、ブラッド・ピットが演じる若い刑事が物語の最後に駆り立てられる暴力と、その根拠の不確かさ故の圧倒的な後味の悪さから、「他者が感じたであろう苦痛」をめぐって説き起こされたその論文は、二十歳を過ぎて一年が経つ頃のわたしに強い影響を与えた。

この論文で、著者の岡真理は、南アフリカの作家J・M・クッツェーの『敵あるいはフォー』に言及する（岡 2019：クッツェー 1992)。イギリス人女性のスーザンが漂着した島で、彼女は老いたロビンソン・クルーソーと、黒人の元奴隷のフライデイと出会う。フライデイは舌が抜かれ、しゃべることができなくなっている。彼とともに暮らしていたロビンソン・クルーソーは、島からイギリスに向かう途中の船で亡くなる。二人と島を出たスーザンは、フライデイとともにロンドンで暮らすことになる。

舌が抜かれたフライデイの口に、スーザンは彼がかつて経験した暴力を読み取る。しかし、その経験がどんなものなのか、フライデイ自身が語ることはない。彼女はフライデイにペンを持たせるが、彼が描くのは彼の口のような、意味を欠いた穴だ。そのほかにもさまざまな方法をためしてみるが、フライデイに何があったのかはわからない。

ときにフライデイは、日の当たる部屋で踊り出す。両腕を差し出し、目を閉じて、何時間もぐるぐるぐるぐるぐるぐるぐるぐるぐると。その部屋に日が入らなくなれば、日の当たる部屋に移動する。スーザンが話しかけても、それに応えることはない。フライデイのその旋回は、スーザンにとっては彼の舌を抜かれた口のような不可解な行為であり続ける。

ある日、スーザンはフライデイと同じように回ってみて気づく。南国育ちのフライデイにとって、ロンドンは寒かった。フライデイは旋回しながらからだを温めていたのだ。イギリス生まれのスーザンは、そのことに気づかず、ただ彼の空洞の口の中に、彼が受けた暴力の痕跡のみを見出そうとしていた。

私たちは、自分にとっていちばん苦痛だと思うことが、他者にとってもそうなのだと思いこんでしまう。それを他者に投影し、他者自身の声として、それを聴き取るのである。

そして、ことばなき他者に代わって、私たちがその声を語り出す。彼／女の苦痛として。だが、それは結局のところ、私たち自身の苦痛、私たち自身の声にすぎない。もしかしたら、彼／女にとって目下、最大の苦痛とは、私が彼／女に一枚のセーターをやらないこと、なのかもしれない。私自身が彼／女の、苦痛の原因であるかもしれないのだ。フライデイの旋回のように、「それ」の声とは、実は、私たちが思いもよらない方法で、語られているかもしれないのだ。（岡 2019：217-218）

植民地支配する側とされる側、人種、性差といった違いの中で、他者の沈黙の口に言葉を与えてしまうこと――それは、多くの場合善意によってなされる――の暴力にふれたこの論文を読みながら、わたしは兄の言葉を代弁できるのかということを考えた。

読み取れた意思と、その外部

中学時代兄が学生服のままどぶ川に入っていたことや、二〇一四年の正月の関西への旅の後、右足の膝にすり傷を負っていたことは、兄にとっての苦痛があったことを、それを見るわたしたちに想起させる。しかしそれは兄にとっての苦痛であり、その苦痛がいかなるものであったのかを、兄が語ることはない。

兄が受けた暴力を、わたしはわたしが受けた暴力から想像していた。たとえば、兄と二人で電車に乗って出かけたとき、兄に対して向けられたまなざしや、「なんでこんなやつが、ここにいるんだろうね」という言葉を、わたしはわたしへの暴力と受け止めた。その自分の痛みと、兄の受けてきた、わたしの知らない痛みを、同じものだと考えた。

だが、それは同じではない。わたしの経験を兄の経験と重ねること、兄の経験をわたしの言葉で重ねること、そのことに何の疑いも持たなくなってしまったときに、わたしは兄を代弁するようでいながら、兄の言葉を奪うことになる。

言葉を奪うことなく、ともにあることができるのかということを、わたしはそれから考え続けていたのだ、と今、思う。[*50] わたしが感じた苦痛と、兄が感じた苦痛は別のものであるが、どこかでつながっている。つながっているところと、ずれているところと、その両方が重要である。

それは苦痛だけのことではない。

思うように動けなくなった父が、あるとき、兄の意思をめぐって次のように語った。長男が、本当に何を考えているのかはよくわからない。彼は、自分の気持ちを言葉でしゃべらないから。でも毎日嫌がらずに農園に通っている。だから農園が嫌いでないことはわかる。同じように学校も嫌がらずに毎日通っていた。だから学校が嫌いではないことはわかった。

父は、兄の振る舞いから、日々の身体の現れから、兄の意思を読み取る。そこで読み取られる意思は、「学校に行きたいのだ」という言葉で明確に表されるものとは違う。もっとおずおずとしたものであり、聞き手にもその言葉で語られる事柄の余白が想起される。思うように動けた頃の父は、もっと断定的に兄の気持ちを代弁していたように、わたしは記憶している。老いた父の言葉にわたしは驚くとともに、そこで語られる兄の意思にも、そうやって語る父の気持ちにも共感した。わたしは言葉で意思を表明されたとき、そこに本人の純粋な意思を読み取ってしまうのだが、そんなことが本当にありえるのかということを、二人に教えられたように感じた。

重要なのは、読み取れた意思とともに、意思として読み取れたこととの外部である。

フライデイは旋回し、兄はしっそうする。

兄がわたしの家から走り去り、父の家に走っていったその振る舞いと、身体の現れは、新型コロナウイルス感染症の感染が拡大していくこと、その傍らでオリンピックが開催されようとしていること、わたしや家族の状況の変化といった事柄を背景にしながら、強烈な意味を持つように感じた。それは、中村寛が一九三〇年代の吉野源三郎の経験に見出したものとも、ジョアオ・ビールがヴィータで暮らすカタリナの生の軌跡に見出したものとも重なっている。わたしは、兄は、なんとしてでも実家に帰りたかったのだと思った。

兄が実家に帰ったことをめぐって話し合い、兄は毎週末実家で父と過ごすことになった。兄がしっそうした翌週のことだ。父はカレーを用意し、兄の来訪を待った。介助者の人を伴いながら、兄は実家に帰った。

父から、兄がいなくなってしまったと電話があったのは、その翌日のことだ。

燕《つばくら》の神話

土まみれの兄

兄は毎日農園で土と泥にまみれている。福祉農園の開園当時、兄はウクレレづくりや紙漉き、ポスティングの仕事もしていたので、毎日農園に行っていたわけではない。そのうちに、兄は作業所の農園班になり、ほぼ毎日農園で働くようになった。福祉農園ができて二十年以上が経つ中で、もっとも長い時間農園で働いているのは兄だ。わたしが福祉農園で過ごした時間は兄の五分の一にも満たない。

わたしは彼の仕事を、「農園で働いている」とか「農作業をしている」と語る。しかし、そこで言い表せていることは、兄がやっていることのほんの一部だ。

それは兄の仕事が多様であるということでもある。

でも、それだけでもない。

パソコンの前に座ったり、教壇に立ったり、会議室の椅子に座っているわたしの働き方よりもはるかに深く、兄の仕事は外界にふれる感覚の中にある。野菜の周りに生えた雑草の一本一本を、鎌を使って根っこから抜く。種の一粒一粒を指で確認しながら、定規でつくった溝に植える。作業の途中にトイレに行くこともあれば、大きな声を出すこともある。それもまた兄の内側で起こったことと、外側の世界との接面で起こる。風がビュービューと吹けば、ときに兄は跳びはねて風と一体化する。兄は世界を嗅ぎ、動き、感じる。

土と泥にまみれている兄のことを、パソコンデスクに座ったわたしが代弁する。それは、わたしが兄とともに出来事を共有し、わたしの眼で観察したことでしかない。兄が発する声や、断片的な言葉から、わたしが解釈できたことでしかない。兄は、わたしが代弁し、解釈したことについて、言葉で否定することも、肯定することもない。

兄が父の住む家に走って帰っていたことを知ったとき、わたしは、父に会いたいという兄の意思を読み取った。

わたしは勇み足をした。桜の花が満開だったこと、コロナの感染者が増加していたこと、聖火リレーがはじまっていたこと、父と兄がしばらく顔を合わせていなかったことが、わたしの思い込みに拍車をかけた。わたしはどこかで、長男である兄が家族を恢復《かいふく》してくれることを期待した。家父長制を信じているわけではない。それでも、世間から長男としての役割を期待されていない兄が、老いた父を支える。そうやって、家父長制という枠組みを反復しているようで、攪乱する。そんなふうに考えたわたしは、毎週末兄が実家で過ごすよう周囲を説得した。父もそれを歓迎した。さっそく翌週から兄は父の家で過ごすことになった。介助者を伴いながら、兄も喜んで父のいる家に向かったように、わたしは思っていた。

しかし、兄はそこからもしっそうする。わたしや父たちが一方的に期待した枠組みを抜け出して、実家を出ていってしまう。

代替わり

兄が父の家に泊まりに行ったのは、四月三日。穏やかに晴れた一日だった。日中、わたしは子どもを連れて福祉農園に出かけ、集まっていた人たちと芽を出したジャガイモの土寄せをし、草取りをし、芝刈りをした。散りはじめた桜が美しかった。父と兄が二人でカレーを食べている、幸福な姿を想像した。

翌日も、朝のうちは雨が降っていなかった。午前中、わたしは長男を自転車に乗せて、買い物へ出かけた。

兄が父の家からいなくなったのを知ったのは、だんだんと雲行きが怪しくなったお昼過ぎのことだ。電話があり、父はわたしに、前日は二人でカレーを食べたあと、早朝五時まで二人とも起きていたこと、ようやく眠りについてお昼過ぎに起きたら、兄がいなくなっていたことを語った。父のベッドの傍らに敷かれていた兄の布団も、綺麗に畳まれていた。父の話を聞きながら、シーツも毛布も、一辺と一辺をピシッと合わせて畳まれた布団を想った。兄とわたしとの性格の違いは、布団や洋服の畳み方にあらわれる。

電話でわたしと話したあと、父はすぐに警察に電話をかけてしまった。すると、四人の警察官がすぐに家にやってきた。父は、彼らを家の中に入れて事情を説明した。警察官は兄の暮らし全般について聞き取りをした。兄にかかわる人たちに連絡をとりはじめた。警察犬も動員しようかとすら提案されたそうだが、さすがにそれは断った。降り出した雨の中警察官は父の家を出ていった。

そうやって、兄がいなくなったことの波紋は広がっていった。

兄の足取りはつかめないまま、雨の日曜日はふけていった。


もし兄がこのまま見つからなかったらどうなるのだろうか、とわたしは考えた。

兄がいなくなったら、福祉農園は続けられるのだろうか――福祉農園の開園当時からもっとも長い時間草を抜き、種をまき、耕運機《こううんき》をかけた人がいなくなる。それは農園にかかわる人が一人減ったということではすまない。雨の日も、風の強い日も、暑い日も、寒い日も。二〇〇六年に盗難事件が起き、農機具がごっそり盗まれたときも、二〇一一年の東日本大震災の日も。それに続いて起きた原発事故で放射能汚染が心配されたときも。新型コロナウイルス感染症で緊急事態宣言が出されたときも、兄は農園で働いていた。その折々において、わたしは兄の姿にはげまされ、途切れそうになる心をつなげていた。そのことを想った。そして、週末のみ農園で活動しているわたしが、兄の存在を支えにしていることに気づいた。多くのことを物語らない兄に、農園のすべてがあるようにわたしは感じた。

そのとき初めて、わたしは福祉農園に代表という存在がありえるとしたら、兄をおいて他にはいないのだと思った。そんな存在である兄が代表であるということを、実際に考えることが一度もなかったことに、わたしや社会をとらえて離さない、強烈な差別があるのだと気づいた。農福連携と語られるようになっているが、それは農作業を障害のある人や高齢者とすることに留まる。これまで、知的障害のある人を農家にしようと思った人はいない。それは、農政や農学、農村自体が知的障害のある人を差別していることの現れなのだ。

知的障害のある兄が農園の代表をする。もちろん一人でできないことが多くあるので、周りの人たちが支える。会議は彼がいつも立ち会う中で、誰もがわかるように重要事項を話し合う。彼が立ち会う中で、これまで発言する機会を持つことのなかった子どもたちや、農園になかなか来ることができなくなった高齢者が発言の機会を持つ。外との交渉の場があれば、みんなでどかどかと出ていって、にぎやかに語り合う。

それが、わたしの意識の中で、福祉農園の代表が父から兄に代替わりした瞬間だ。

兄を迎えに

海沿いの街の警察署で兄が保護されているという連絡がわたしに入ったのは、翌日月曜日の夕方のことだ。わたしは最初に兄を保護したその街の市役所の福祉課に連絡し、兄を保護している警察署の電話番号を聞いた。警察署の場所を聞き、兄の着替えとしてわたしのシャツとジャージを持って車を走らせた。

十九時になる頃に警察署に着いた。もう一般市民がほとんどいない時間で、警棒を持った守衛に声をかけて、兄が保護されている場所を教えてもらった。玄関から入って待っていると、奥から体格の良い警察官が出てきた。彼はわたしの身元を確認し、また警察署の奥に行った。やがて、兄を連れて彼がやってきた。

兄はパジャマ姿だった。警察署の殺伐とした風景と、屈強な警察官とのコントラストで、それはとても弱々しく見えた。兄はお昼過ぎに近くの駅で駅員に保護されたようだ。言葉が通じないので警察を呼んだが、警察も対応に困って役所の福祉課に相談した。福祉課が迷い人の情報を調べていくうちに、兄の情報にいきあたり、わたしたちの暮らす街の福祉課に電話をした。家族に連絡がとれるまで、千葉の福祉課の職員は兄と同席してくれていた。警察官は兄が寒そうにしているので、暖房をつけたこと、おなかがすいていそうだったのでカップラーメンを食べさせたことを教えてくれた。

車に兄を連れていき、兄は、わたしの渡したシャツとフリース、ジャージに着替えた。高速道路に乗って、わたしは平日兄が暮らす家に向かった。
コロナウイルスが蔓延し、その恐怖が広がる世間で、兄はパジャマ一つの無防備な姿で、家を出て、一晩をどこかで過ごし、海のあるその街まで出かけた。運転しながら、マスクをしていない彼に向けられたまなざしがどんなものだったのかを想う。ともに、兄の姿によって喚起された人びとの不安や恐怖、怒りのようなものについて想う。それでも世界に出ていく兄の想いを自分が受け取れているのかを考える。二人の間の会話はなく、ただブルーハーツの曲が流れていた。

高速道路の渋滞はなく、一時間も経たずに兄の家に着いた。同居人も介助者も待ってくれていた。風呂も沸いており、晩ご飯も用意されていた。どれくらいぶりの食事なのかわからないが、出された食事を兄は即座に平らげた。介助者や同居人とこの間起こったことを語り合い、やがてわたしは家に帰った。

TOO MUCH PAIN

はみだし者達の遠い夏の伝説が
廃車置場で錆びついてらあ
灰色の夜明けをただ黙って駆け抜けて
あなたに会いに行けたらなあ

作詞　真島昌利「TOO MUCH PAIN」

三月二十八日の未明、兄はわたしの家から、かつて家族で暮らし、今父の暮らす家に帰った。そして二人はともに食卓を囲み、久しぶりに枕を並べ、一晩を過ごした。ベッドで寝る父と、布団で寝る兄とで高低差はあったけれど。わたしが迎えに行っても父のベッドの上から離れようとしない断固たる姿を見て、わたしは兄が実家で過ごしたいと理解した。四月四日、兄が父の家に留まっていたら、週末ともに過ごすことが、父と兄の習慣になったはずだ。しかし、そうはならなかった。
朝方に眠りについた父は、兄に朝ご飯をつくらなかった。冷蔵庫の中から食べ物を探したが、それでは足りなかったようだ。兄は父が起きるのを待たず、しびれを切らして出ていってしまった。着替えは残されていたので、パジャマのまま出ていってしまったのではないか、と父は推測した。久しぶりに恢復したはずの、あの団地の家での一家の団欒は、そうやってまた失われてしまった。

兄は父にふれ、また旅立っていった。春先に渡ってきた燕が、かつて暮らした場所で巣づくりをはじめたが、それを途中でやめて、また旅立ってしまったように。そこに家族があったこと、それがかつてのようではないことを確認するように。

兄はかろうじてあの家族に間に合い、そこから出ていった。

あの日以来、兄が実家に帰ったことはない。*51

もう一度まだまにあうはずさ
まだ今なら遅くない
もう二度と戻る事はないよ
僕はまた一歩踏み出そうとしてる
少しこわいけれど

あなたの言葉は遠く
もう聞きとれない
何かがはじけ飛び散った

作詞　真島昌利「TOO MUCH PAIN」

兄はここ数年、よく涙を流すようになった。不愉快そうな声を発していたあとに泣くことも、笑っていたはずなのに気づけば泣いていることもある。泣いているときの兄は、本当に悲しそうだ。それは兄にとって、帰るべき場所、帰りたい場所がなくなってしまったこと、かつてのような場所でなくなったことを悲しんでいるようにわたしは感じる。そしてそれは、わたし自身の内側にある想いでもある。

生きることの切なさとは、かつてそのただなかにあったものが徐々に、しかし確実に失われてしまうことだ。その耐えきれない切なさに対峙しているもの同士として、孤独なわたしたちは初めて、それぞれの世界を重ねることができる。

＊38　詳細については、『分解者たち』の第二部をお読みいただきたい（猪瀬 2019）。

＊39　立岩真也は次のように整理する。全障連は、障害者の施設に頼らない生活保障運動や、青い芝の会の運動など、全国各地にあった、交通・教育・労働等をめぐる闘争が個別の闘争として持つ限界を超え出て、運動を連接し、連携させて、強力なものにしようとする意図のもと結成された（安積・岡原・尾中・立岩 2012 : 280-281）。代表は、『母よ！殺すな』の著者であり、青い芝の会の運動の中心であった横塚晃一であった（横塚 2007）。ヤギさんと河野との交流は河野（2007）に詳しい。

＊40　ヤギさんは障害を理由に「就学免除」された。十歳の頃本人は、学校に通いたいと言ったが、地元の医者や校長に「まだ早い」と言われて、かなわなかった。教育委員会や校長との交渉によって、一九七〇年、二十八歳で地元の芝小学校の六年生に入る。最初は「聴講生」扱いで、学籍はなかった。翌年学籍を取るが、一年生からやりたいという希望はかなえられず六年生のクラスだった。次の年度に学校が折れて、三年生のクラスになった。ヤギさんの闘いは全国的にも注目され、そして彼は障害のある子どもの就学運動のリーダーの一人となり、一九七九年の養護学校義務化阻止運動の先頭に立った。

＊41　闘争に「ふれあい」のルビを振ったのは、横田弘の『障害者殺しの思想』の「障害者と健全者の関り合い、それは、絶えることのない日常的な闘争《ふれあい》によって、初めて前進することができるのではないだろうか」（横田 2015 : 104）に教えられた言葉である。

＊42　文部科学省が検討していた学校教育法施行令と施行規則の改正が、「特例」として障害のある子どもの通常学級就学を認めつつ、その「特例」すら認められない重度の子どもの養護学校への振り分けを市町村に義務付けるものであることを問題視

し、「障害児を普通学級へ全国連絡会」とともに、「埼玉障害者市民ネットワーク」などが文部科学省への交渉を行った。

＊43　この記事は八木下・齋藤（2017）として公開されている。

＊44　二〇二〇年に久保明教と交わした往復書簡では、「最前線で働く人に感謝」という言葉に対する違和感について、最前線を設定することで、自分を安全な場所に置こうとしている意識が働いているのではないかと書いた（猪瀬・久保 2020 : 159）。村瀬孝生も『シンクロと自由』で、新型コロナウイルスによってひっ迫する医療や介護の現場に向けて発せられる感謝のメッセージが、そこに巻き込まれたくないという意識の表れではないかと指摘している（村瀬 2022 : 139）。

＊45　コロナ禍の中で、障害のある家族を持つ人の暮らしを書いた本として、児玉真美が編集した『コロナ禍で障害のある子をもつ親たちが体験していること』がある。文章を寄せた親たちは、「こんな時だから仕方がない」という言葉であきらめさせられることが、障害のある人や家族のほうが、障害のない人よりも圧倒的に多かったことを指摘している。それは、コロナ以前にあった矛盾や分断に、コロナが拍車をかけたということでもある（児玉 2022）。わたしはこの本の末尾に、「見捨てられた体験を未来に差し出す」という解説を寄稿している（猪瀬 2022）。なお、二〇二三年には、新たな書き手を加えて、増補新版が刊行されている。

＊46　エンテツさんは社会学者の五十嵐泰正さんがゼミ生を福祉農園に連れてきたときに、たまたま同行していたことを縁に知り合い、その後、何度も農園に来てくれた。わたしは、エンテツさんと農園以外に東京やその近郊のさまざまな街に出かけ、そこでときに酒を呑みながら話をした。授業にも、ゲスト出演してもらったこともあれば、長女が生まれる直前、近所の居酒屋で開かれたトークライブで対談したこと

もある。そういえば、エンテツさんとアメ横の居酒屋で、汁かけ飯について、エンテツさんの同年配の人や、エンテツさんファンの人と酒を呑みながら語り合っていたことがある。そのとき、なぜか父がふらりとやってきて、話に加わり、そして彼の生真面目さゆえにまったく話が盛り上がらずに終わったこともあった。エンテツさんは、二〇二二年の六月に亡くなった。

*47 松村圭一郎は、「関係が〇〇」だから、その関係に合った行動をとるという見方を反転させ、実際に行われた行為の蓄積によって、関係がリアルなものとして感じ取られるようになるのだとする（松村 2017：75-76）。だから、行為を生み出す空間の配置や、習慣のありようは重要である。たとえば日常的なつながりがなくなってしまった人に年賀状を出したり、SNS の投稿に「いいね」を押すこと、あるいは命日に手を合わせる行為によって、わたしたちは何もしなければ忘れ去ってしまうような、その人との関係をかろうじてつなぎとめる。

*48 この部分の記述は、猪瀬（2020 ⅲ）に加筆した。分割という言葉については、きだみのるが部落をめぐる概念として使った「分割 partage」によっている。上野俊哉によるきだみのるの議論の解説によれば、たとえば「山分け」のことである。部落では、部落の共有林でとれた収穫物を山分けで分け合うが、それはいつも部落「全員」ではないかもしれないし、厳密に量的にみて「平等」であるわけではない。「全員」とか、「平等」とかが不可能ということを認めた中で――そもそも、同じ量で分けたところで、本当に平等と言えるのかどうかは、疑わしい。二〇二〇年に日本政府が、各世帯に平等に二枚の布マスクを配ったが、あれはいかなる意味で「平等」だったのだろうか――しかしその「山分け」を行う瞬間において、「みなが平等」に分けたという情動を持つ。そういう情動を持つ基盤として、部落は存在する。

ひとは自分の死を死ぬ（知る※猪瀬注）ことはできない。知っているのはいつも他者の死ばかりだ。絶対に自分が到達できないこの特異な（代わりのない）出来事こそが、「実存」という把握を可能にし、人間を「人間なるもの」にし、集団を共同体や社会として立ち上げる。言いかえると、絶対に分かち合えない亀裂、共有しようともできない何か、自分でしかと受けとれない出来事をさらに分割する／分かちもつことによって、かろうじて共同体／共同性は成り立っている。これは一緒に働くことでも、互いにもっているものを平等に分け合うことですらない。ただ絶対に分かち合えないもの、つまり「分割」によってひとはつながっている。（上野 2013：203）

上野の言葉は、ともにあることをめぐる本書の思考にも、大きな示唆を与えている。

＊49 この部分は、猪瀬（2020 i）に手を加えた。手を加えながらそのときに自分が書いたことが、ようやく腑に落ちたように感じた。

＊50 二〇一六年七月二十六日の殺傷事件が起き、さまざまな言葉があふれたときに思ったのも、そのことだった。あふれる言葉が、彼ら、彼女らの沈黙に過剰に意味を詰め込んでしまっていること、それによって彼ら、彼女らに同一化しながら、実は言葉を奪ってしまっていることをわたしは感じた。わたしは沈黙に言葉を埋めるのではなく、沈黙の周りを言葉で埋めることができないのかと考え、津久井やまゆり園が立地する地域の歴史を掘り下げ、首都圏開発との関係を探った（猪瀬 2019：285-308）。

＊51 この部分を書きながら、レヴィ＝ストロースが神話論理で取り上げる、人間がなぜ死ななければならないのかをめぐる、南米のシパイアの神話のことを想う。

M76 シパイア 短い寿命

造物主は人間を不死身にしたかった。造物主は人間たちに言った。水辺に行って、二つのカヌーを通り過ぎさせ、三番目を止めて、それに乗っている精霊に挨拶し、抱擁せよと。

最初のカヌーには、腐った肉を一杯に入れた籠が積んであった。ひどい悪臭がした。人間たちは出迎えに駆け寄ったが、悪臭で近づけなかった。人間たちはこのカヌーは死を運んでいるのだと考えた。ところが死は二番目のカヌーに乗っており、人間の姿をしていた。だから人間たちは死を歓迎し、抱擁した。造物主が第三のカヌーに乗って現れると、人間が死を選んだことに気づいた。反対にヘビや木や石は不死の精霊を待っていた。もし人間も同じようにしていたとしたら、古くなった皮を取り替え、ヘビのように若返っていることであろう。

(レヴィ＝ストロース 2006：224)


父は兄を抱擁するに急ぎすぎた。かつてあった家族は失われてしまった。しかし、その断片は、まだ残っている。そして、農園は続く。

最終章
春と修羅

物語の終わりに

以上が、兄が描いた線をめぐる物語だ。

兄はわたしの家から、父の暮らす家までしっそうし、そしてまた父の暮らす家から千葉の街までしっそうした。兄が旅したその線のすべてを、わたしはたどることができない。始点と終点を知っているだけだ。その点と点との間の兄の経験がどんなものだったのかを想像するため、わたしと兄が生きてきた経験を、ずいぶん遠回りしながら描いた。

兄のしっそうを、ただ「知的障害者の失踪」と捉えてしまったとき、本来、彼がいるべき場所からいなくなってしまったことだけが問題になるだろう。障害のある兄が家からいなくなった。障害のある兄は警察に保護された。困った。困ったでしょう。心配だったでしょう。いろんな人に迷惑をかけたでしょう。そういうことがもう起こらないように、しっかり管理・監視しましょう。以上。
このとき、兄はその世界を攪乱するだけの存在になる。兄がいなくなる前にいた場所も、兄が出かけていった場所も、「本来いるべき場所」／「本来いるべきではない場所」というように、抽象化された点となる。その点と点が、直線で結ばれる。彼がどういう道のりを旅したのか、その道のりで何と出会い、どんな世界をつくっていったのかは問題にならない。点と点とが無機質に結ばれ、そこにあった兄自身や兄と出会った人びとの生々しい経験は見落とされる。*52

ほんとうに重要なのは始点と終点ではない。その途中にあることだ。兄が世界を攪乱しているのではない。兄は〈誰か〉や〈何か〉と世界を構築し続けている。その構築の力を、たとえば「障害者アート」という形で限定して理解するべきではない。むしろ障害がないと自覚している人たちも、本来手にしている力――そしてそのことを自覚していない力――として理解する必要がある。わたしが兄のしっそうに、日本ボランティア学会の設立趣意書への根源的批判を読み取ったのは、まさにその点である。障害のある人はただ、ボランティアをされる存在ではない。そして、ボランティアは単にボランティアする人と、される人の相互関係であるだけではない。今までボランティアという言葉で語られ、考えられていたことの先端を、障害のあるとされる人が行っているのかもしれないと想起する先の創造力を問う。

しっそうする兄を追いかけながら、弟はキーボードを打ち、文章を綴る。子どもの頃のわたしが、走り去る兄に追いつくはずがないと思いながら、それでもあとを追いかけ、見失ったあとも、街のあちこちを右往左往したように。兄のしっそうが描く、途切れることがなくさまざまなものがからまったラインと、わたしが打ち込みながら描く文章は、質的に違うものだ。[*53]

それでも、わたしは言葉を打ち込み続けた。気づけば、書きはじめたときには想定していなかったことに話は広がり、時空もさまざまに行き来した。そうやって、わたしは兄とともに、地図のない旅をした。

今、この物語を結ぶにあたって、初めてわたしたちが何をしていたのかを理解する。

兄を追いかけてはしる

小学三年生のわたしは兄を迎えにいき、やがていなくなってしまった兄を追いかけながら、あちらの駅やこちらの駅、その途中の思いつくところをさまざまに自転車でかけ回った。その道のりは、兄が走っていった道のりと、部分的に重なるところはあったかもしれないけれど、ほとんど重なってていない。わたしは通学路の脇にある池やどぶ川、神社の境内を走り回り、そこに兄がいないことを確認した。すれ違った人びとは、はあはあと息をつきながら走り回るわたしのことなど、誰も気にも留めていないように見えた。

兄を見つけることはできなかった。わたしは兄がどういうふうにこの街を生きてきたのか、この世界を生きているのかを考え、それを確かめるために自分自身がこの街と、この世界を生きた。そもそも、兄を迎えに行く途中、わたしが兄の同級生の女の子たちに、兄に似ていると声をかけられたのを恥ずかしがり、少し距離をおいて帰ることにしたのが、あのとき彼が旅立つきっかけだった。だとすれば、兄のしっそうは、兄がシャイな弟であるわたしとともに生きている中で、生まれたことでもある。

この物語を綴っていくということも、同じことだ。小学三年生の頃、自転車で兄を追いかけたわたしは、パソコンの前に座り、かつてわたしが書いたことや、わたしたちをめぐって誰かが書いたものを読み返し、写真や動画を見返しながら、兄を追いかけた。

　障害のある兄が、健常者のように思考していることを確かめるのではない。健常者とは違って、自閉症者としての特殊な思考の仕方を理解するのでもない。兄の経験や、兄の思考の仕方を追いかけながら、わたし自身の思考の仕方が何かを問い直す。兄について思考するのではなく、兄とともに思考しながら——それは兄がわたしとともに思考することでもある——、兄についてのイメージだけでなく、自分自身についてのイメージ、そして人間であるということや、生きるということのイメージを揺さぶり、より不確かなものに感性の運動をひらきながら、あとからおずおずとついてくる思考をも導いていく。

　人類学とは、わたしにとって誰かの歩いた踏み跡をたどる営みである。踏み跡の先にある目的地を見出すことではない。踏み跡をつけながら歩くその人と経験を重ねながら、その人の世界をかろうじて理解することであり、その人の世界とわたしの世界の重なりとずれを理解することであり、その人とわたし以外の存在も含めた世界をより嵩張《かさば》りのあるものとして理解することである。

　インゴルドは踏み跡の追跡や徒歩旅行と、地図を与えられた航海との違いを次のように語る。

踏み跡の追跡や徒歩旅行と、あらかじめ地図が与えられた航海との区別は決定的に重要である。航海士は地図という領海の完全な表示を眼の前に持っていて、出発前に辿るべきコースを設定《プロット》することができる。したがって旅はその筋書《プロット》きをなぞるものに過ぎない。それと対照的に、徒歩旅行では、以前に通ったことのある道を誰かと一緒に、あるいは誰かの足跡を追って辿り、進むにつれてその行程を組み立て直す。この場合、旅行者は目的地に到着したときに初めて自分の経路を把握したと言える。（インゴルド 2014 : 39-40）

兄の世界を、たとえば兄が自閉症者であることのみを手がかりにして、自閉症をめぐる専門知識によって理解を進めていくということは、地図が与えられた航海であると言える。それは自閉症に対する理解を深めることであり、それ自体には意味があることかもしれないが、兄の世界を理解することではない。さらに言えば、自閉症者ではないとされる、わたしのような人びとのことを理解することともずれている。わたしがしたいのは、兄を部分的に理解することで、わたしを部分的に理解することであり、兄でもわたしでもない存在を前よりも理解することである。

この世界のただなかで　修羅ということ

「春と修羅」という宮沢賢治の詩句を想う。

いかりのにがさまた青さ
四月の気層のひかりの底を
唾《つばき》し　はぎしりゆききする
おれはひとりの修羅なのだ
(風景はなみだにゆすれ)
砕《くだ》ける雲の眼路《めじ》をかぎり
　れいろうの天の海には
聖玻璃《せいはり》の風が行き交《か》い

ZYPRESSEN 春のいちれつ
くろぐろと光素《エーテル》を吸い
その暗い脚並《あしなみ》からは
天山の雪の稜《かど》さえひかるのに
(かげろうの波と白い偏光《へんこう》)
まことのことばはうしなわれ
雲はちぎれてそらをとぶ
ああかがやきの四月の底を
はぎしり燃えてゆききする
おれはひとりの修羅なのだ

宮沢賢治「春と修羅[*54]」

「おれはひとりの修羅なのだ」という言葉は、兄の内側にあるもののようでも、わたしの内側にあるものでもある。春と修羅とは、まさに桜の満開になり、桜が散った中で、燕のようにしっそうしていった兄と世界のことである。そのしっそうのただなかにわたしも確実に存在している。かろうじてつながった兄の世界と、わたしの世界の結び目を確認し、そして結び目を増やしながら網細工を広げていく。[*55] そこから延びる糸が、兄とわたし以外の存在に広がり、からまり、そしてそれが微かに世界を揺らす。

二〇二一年の春に、兄は二回しっそうした。それはコロナウイルスが世界中で蔓延する中でのことであり、延期された東京オリンピックの聖火リレーが走りはじめた頃であり、香港では選挙制度が変更され、ミャンマーでの国軍の民衆弾圧は激しさを増す頃だった。

しっそうに先立つ三月二十三日、神奈川県相模原市が東京パラリンピックの聖火の採火を、同市内にある津久井やまゆり園で行う方針であることが報道され、同月三十一日に相模原市は二〇一六年七月二十六日に起こった殺傷事件の風化を防ぐためとして、この方針を正式決定した。しかし、遺族や障害当事者団体から中止を求める声が相次ぎ、市長は同年五月にやまゆり園での採火中止を表明した。

そのようなことが起こる世界で、兄はあらかじめ決められていない道を、二度しっそうした。

そのことについて、今のところ、困ったことだという以上の意味を見出されることはない。オリンピックやパラリンピックの金メダリストが、金メダルをとったことと整合的な経験のみに光を当てられるように。津久井やまゆり園で殺されてしまった人が、施設で暮らしていたことや、殺されてしまったということにのみ意味を見出されるのと同じように。

この世界で起きている、別の文脈にあるようなことと兄のしっそうをつなぎ合わせると、そこにこの世界の全体像のようなものがぼんやりと浮かぶ。オリンピックの聖火リレーと、兄のしっそう。相模原市長の頭にあった、津久井やまゆり園からはじまるパラリンピックの聖火リレーと、兄のしっそう。コロナパンデミックで静まりかえった街と、兄のしっそう。桜の花が満開の中での、兄のしっそう……。

そして、兄がこれまで生きてきた世界や、ともに生きていた人びとと、兄のしっそうをつなぎ合わせる。たとえば、卒業したあとの進路がきまっていない中での中学校の卒業式、アイスを欲しがる姪と出かけた動物園、祖父の家で飲む三ツ矢サイダーの喉を打つ感覚、ニシさんとともにウクレレ工房や農園ではたらいた経験、みかん山のヤマナシさんとの語り合い、からだがだんだん動かなくなっていく父との邂逅《かいこう》……。そうやってさまざまな出来事や人びととつなぎ合わせることで、兄の生きている世界の全体がぼんやりと浮かぶ。その作業を、わたしは兄とともに行った。そうやってつなぎ合わされたのは、兄とわたしがただなかを生きている世界のスケッチである。

二〇二一年の四月、兄とともに千葉の警察から埼玉に帰る途中、高速道路を走った。

視界はぼんやりとしていて、ただ前の車のテールライトを追いかけて走った。わたしと兄は無言だった。カーステレオから流れる曲は、やがてブルーハーツのアルバム「EAST WEST SIDE STORY」のものになり、わたしは音量を上げた。川の向こう側には東京の夜景がけぶり、正面にはテールライトが光る。それに連動してハンドルをにぎり、アクセルやブレーキを踏む自分の運動と、車の中を流れる音楽と、無言で座っている兄と。己の頼りなさと、世界の中にわたしがあることと、これほど感じる時はなく。明滅する世界の中に、明滅するわたしたちがいて、それでも何かを世界に託そうとしている。ステレオから流れてくる曲の歌詞を、わたしは口ずさむ。兄のハミングが聴こえる。

＊52　インゴルドは、このような地点と地点との関係を、ハブ・スポーク・モデルと呼ぶ。このモデルにおいて、ハブはある場所を示し、円として表される。そこで生活する人びとは、その円の中の点として表される。そして場所（＝円）と場所（＝円）を結ぶ直線は輸送ネットワークの連結器を表す（インゴルド2014：157）。ここにおいて、生の容器としてのハブは、それが収容している個人、およびネットワーク上の別のハブに接続する直線から、はっきり区別される（161）。

＊53　インゴルドは、「タイプを打ち印刷する行為においては、手の動きと刻み込まれる軌跡との密接な関係が断ち切られている。著者は、ラインの表現力ではなく語の選択によって感情を伝える」と書いている（インゴルド2014：21）。

＊54　宮沢（2017）から引用。

＊55　インゴルドは結び目とメッシュワーク（網細工）について、次のように書いている。

結び目は、そのなかに生を収容するものではなく、それに沿って生が営まれるラインそのものから形成されている。これらのラインは結び目のかたちに結ばれあっているが、結び目によって結ばれているわけではない。それどころか、ラインたちは結び目を超えて踏み跡を延ばし、かならず他の結び目のなかで他のラインといっしょになる。こうしたライン全体を私は網細工と呼びたいのである。一つひとつの場所は網細工の結び目であり、そこから延びる糸は徒歩旅行のラインである。（インゴルド2014：161）

インゴルドは、ネットワーク（ハブ・スポーク・モデル）と、メッシュワークを明確に区別する。たとえばSNSでフォロワーや「友だち」「いいね」を増やすことは、ネットワークを増やすことである。それはシンプルに数や量で把握できる。メッシュワークは、そうやって資本やテクノロジーシステムによって明示的に把握される数／量ではない。一見つながっていないように見える人と人、人とものとのかすかなつながりやからまり合いに目を凝らしながら、そこから意味を紡ぎ出すための手がかりである。

むすびとして　うさぎのように広い草原を

道がわからなくなることと、街に迷うこと

レベッカ・ソルニットは、ヴァルター・ベンヤミンを引用しながら、「道がわからなくなること」と「街に迷うこと」を明確に区別する。わたしたちは、目的地に向かいながら、よく道がわからなくなる。そのときに必要なのは、地図や道しるべであり、道筋を教えてくれるアプリである。そうやって、知識やテクノロジーで補われてしまうことと、街に迷うことは違う。ソルニットは街に迷うことに「官能に満ちた幸福」を見出す。迷う、すなわち自らを見失うことはその場に余すところなくすっかり身を置くことであり、すっかり身を置くということは、すなわち不確実性や謎にとどまっていられることだ、とする（ソル

ニット 2019：12)。

兄はときに混乱し、大きな声を出す。

大きな声を出すとき、兄は道がわからなくなっているのかもしれない。たとえば慣れた場所で想定外の出来事が起きたときや、未知の人と出会って思いもよらない対応をされたとき、兄は混乱する。共同住宅での宴会で兄が大きな声を出したのも、まさにそんな場面だ。くつろぐつもりでやってきた場所で、思わぬ人たちが思わぬことをしており、だからどうやってくつろいでいいのかわからなくなる。

けれども、さまざまな人たちと雑多な場面を生きてきた兄は、想定外の出来事に対してそれなりに慣れてもいる。福祉農園での農作業の休憩時間、兄は芝生広場に生えたモクレンの木の下に立つ。そこから見通せる、県道を走る車の動きを眺める。県道までは畑と田んぼが広がり、車道に規則的に植えられたメタセコイアの間を、車は大体同じスピードで走る。そういうふうなやり方で、彼は自分の感覚と、ままならない世界を調律しているのかもしれない。それはどこか、草原の中で野うさぎが草の上からひょっこりと顔を出す姿を思わせる。

作業の合間、兄と同じ場所に立ち、同じ風景を眺めると確かに心地良い。ここに、たとえば高速道路の高架が建設されたり、大きな建物が立ったりすると考えるとゾッとする。そんなふうにわたしは兄の経験と、自分の経験を重ねようとする。

兄は、わたしが混乱するような場面でも、落ち着いている。

兄は地図も、アプリも、お金を持つこともなく、誰かに道を尋ねることもなく、旅へ出かけていく。そうやって祖父の家や父の家を探り当てることもあれば、その途上で保護されてしまうこともある。自分の位置が正確にわかっている訳ではないはずだ。それでも兄は、わたしには想像のつかないものを手がかりにして旅にでかけていく。

そのような勇気を、わたしは持っていない。たとえば、初めての街を旅するとき、わたしはたえず地図を確認し、スマホの充電の残量や、所持金、クレジットカードが使えるのかどうかを気にかける。でも、そんなものに頼らずに旅をすることはできる。兄のしっそうは、わたしが本来持っているはずのヒリヒリとした自由の存在を気づかせてくれる。わたしが生きていることは、本来、ヒリヒリとした自由の中にある。

しっそうする兄は、街に迷っている。世界に迷っている。さまざまなことが理不尽に起こり、彼の存在を勝手に意味づけられてしまう世界で、それでも彼は世界に身をさらす。

新型コロナウイルス感染症が広まっていく中で､道がわからなくなった人が多くいた。あるいは、自粛やオンライン、おうち時間といったかたちで見出された道に多くの人が殺到した。わたしもその一人だ。緊急事態宣言下で、あれほど家の周りをあてもなく歩き、見たこともないものにふれる経験をしながら、結果として街に、世界に迷うという経験は深められることはなかった。

そうやって行き止まりの道、渋滞の道で立ち止まったわたしに、道なき道を歩くこと、街や世界に迷うことを教えてくれたのは、兄であった。

コロナウイルスによって世界が変わっていくはるか前から、彼は不確実性や謎にとどまっていたのだ。

三度目のしっそう、三人の旅

この物語の終盤を書いている二〇二三年の一月二十二日、兄がまたしっそうした。兄が五十歳を迎える前日のことだ。

その前夜、兄はわたしの家に泊まった。わたしが取り寄せていたカツオのたたきは、わたしの勘違いで一日遅れにやってくることに、パーティーがはじまる直前で気づいた。仕方なく、用意していたスパークリングワインで乾杯をした。兄は、わたしが急遽つくった鍋を食べ、デザートのシュークリームを食べ、姪たちや介助者のヤマちゃんに渡されたプレゼントを受け取っている間も、ずっと上機嫌だった。長女が渡した手紙には、うさぎの絵と、草原に寝転ぶ兄の姿があり、「ことしはうさぎ年、うさぎのように広い草原をとびはねていきましょう」と書かれていた。兄は、冷蔵庫にあったストロング系のサワーを所望して呑みはじめた。わたしは彼の好きなブルーハーツの曲を流し、わたしがひと月前に出会った七尾旅人の曲を流し、夜が更けるまで時間をともに過ごした。終電に合わせてヤマちゃんが帰ると、布団を敷いた。兄が目をつぶっているのを確認し、わたしも自分の寝室で眠りはじめた。

翌日は四時に目が覚めた。トイレに行こうとすると、玄関の灯りがついているのに気づいた。脱衣所の電気も、兄が寝ていた部屋の灯りもついていた。布団の中に、兄はいなかった。玄関には兄の靴もなく、鍵も開いていた。布団にはもうぬくもりもなく、兄が布団を出てからしばらく時間が経っているようだ。彼のコートも残されていた。あとになって気が付いたが、洗濯機の中には、なぜか兄のセーターが手洗いした状態で残されていた。明るくなってから母に電話をし、暗くなるまで連絡がなければ警察に連絡することを確認した。

わたしは二年前の三月のように父の暮らす家に帰っているのかもしれないと思い、父に電話した。父の電話はつながらず、直接父の家へ向かった。父は兄の来訪には気づかなかったと語った。父の家は、以前とは違い鍵をかけられるようになっていた。

家に戻ると、母からの着信履歴に気が付いた。かけなおすと、母は東北新幹線の沿線の街で兄が見つかったのを告げた。母は迎えに必要なものを用意し、わたしはそれを取りに向かった。この日は、地元で市民マラソンが開催されており、交通規制がされていた。母と落ちあう場所をなんとか見出し、少しイライラしながら車でそこに向かった。

母に託された荷物を持ってうちに帰ると、三歳の長男が秋田新幹線こまちの絵がプリントされたトレーナーを着ていた。彼に、「今から新幹線のるけど、一緒にいく?」と尋ねると、「いく!」とうれしそうに答えた。三歳児は運賃がかからない。わたしは彼と一緒に出かけることにした。兄を保護してくれた警察署に電話し、路線検索が教えてくれた到着時間を伝えた。

新幹線のホームに向かう途中、食堂に立ち寄り、長男とかつ丼を分け合ってお昼ご飯にした。彼はそれを「おいしい、おいしい」と言って食べた。新幹線の自由席は、ちょうど二人掛けシートが空いていた。北上するにつれて、ところどころに雪が積もるようになった。長男はそれをうれしそうに眺めていた。

駅に着くと、改札を出てタクシーをひろった。行く先として警察署を告げられた運転手は、少し緊張した声で応答した。たしかに、日曜日、新幹線に乗ってやってきた子連れ客が警察署に向かうことは、何事かを感じさせる。わたしは、運転手に駅に貼られていたポスターが紹介していた温泉の話をした。わたしの最初の本を担当した編集者のカイさんが、その温泉のある地域の米づくりをずっと取材していた。運転手の緊張がゆるみ、車窓の景色を見ながらいろいろとおしゃべりをした。そのうちに、わたしはカイさんの命日がちょうど一年前の今日だったことに気づいた。
警察署に着くと、駐車場に停められていたたくさんのパトカーを見て、長男は興奮した。署内に入ると、電話応対してくれた警察官がやってきた。眼鏡をかけた彼は、三歳児の姿を見つけてにっこりと笑った。やがてわたしの身元などを確認してから、兄を連れてきてくれた。そして、兄が保護されるまでの状況を説明してくれた。

新幹線の駅に着いた兄は、遠征にやってきた部活の高校生とその保護者たちについて近くの高校までいった。学校に入る際も、遠征の一団にまぎれて違和感がなかった。体育館に着いて、マットに寝転んで寝はじめたときに、ようやく居合わせた人に不審がられ、警察を呼ばれた。警察署に着くと、兄は「さむい」と訴え、警察官は毛布を出した。兄はパジャマ姿のままだった。おなかをすかせている様子だったので、警察官はカップラーメンとカップ焼きそばを出し、お茶を飲ませた。高校から移動するときや、警察署で保護する部屋に移動するときも、言うことはしっかり聞いてくれたと警察官は語った。あまりに薄着のため、町内の人だと思って調べたが、誰も該当する人はいなかった。兄の靴に、電話番号が書かれていることに気づいた。母が書いたものだ。電話は母につながり、母はわたしに電話をした。

この街に何か縁があるのですかねえと言われたが、わたしにも心あたりはなかった。わたしの実家では同じ県の南部でつくられたお米をずっと食べてきたが、この街に来たことはない。前日の誕生パーティーの興奮から、思わず家を出てしまい、思わず新幹線に乗ってしまい、どんどん寒そうな地域に向かっていることに気づき、焦って新幹線を降りたのではないか、とわたしは想像した。

持っていった服に着替えるため、兄が保護されていた部屋に入った。取調室にも使われていそうな殺風景な部屋に、兄とわたし、長男と入り、そこで兄は服に着替えた。椅子には、兄が使った毛布が置かれていた。着替えて部屋を出ると、三人の男性と一人の女性を見ながら、長男は「おまわりさん、かっこいい」とつぶやいた。彼の言葉やしぐさが、緊張しかける空気を和ませた。

駅に戻って、お土産を買うために立ち寄った売店で、何か飲み物がいるかと聞くと、長男はキウイジュースを、兄はストロング系のサワーをそれぞれ迷わずに手にとった。兄が酒を呑みはじめたら、わたしも呑みたくなり、彼をわたしの家から車で送り届けることができなくなると思い、別のものを買うように頼んだ。すると、兄はポカリスエットを選んだ。帰りの新幹線も三列シートが空いており、三人で並んで座った。窓際に座った兄は、車窓の景色を、ときどき声をあげながら見ていた。

再び見出された世界

あの旅の主役が誰だったのか、それが誰かを名指すことにそれほど意味はない。兄がしっそうし、わたしは彼を長男とともに迎えに行き、そして三人で帰っていった。初めて行く街に連れていった三歳児に、わたしは地図やスマホを頼りにするのとは違った意味で支えられていた。彼がいたから、ただ兄を迎えに行く旅は、新幹線に乗る旅になり、警察署でパトカーを見て、やさしいおまわりさんたちと会う旅になり、そして母／おばあちゃんや、妻／義理の妹／母、娘たち／姪たち／姉たちにお土産を買う旅になった。わたしたち三人の旅は、三人と出会った人たちにも何事かをもたらした。母が兄の荷物を用意し、妻と娘たちが長男の荷物を用意してくれた。出かけた先のポスターから、わたしはその日が恩人であるカイさんの命日であることを思った。薄着で現れた兄の姿に驚いた警察官は、彼を迎えに来た長男とわたしの姿にまた驚いたはずだ。うちに着いたらわたしの目算より一日遅れてカツオのたたきが届いて、それを兄に誕生日プレゼントとして渡すことができた。新幹線に乗る前、酒を呑もうとする兄を見ながら、二人で取材に行った北海道の帰りの飛行機で、カイさんがうれしそうに缶ビールを呑んでいたのを思い出しながら、彼の命日であることを意識した。

兄とわたし、長男がそれぞれの仕方で旅をしたが、それはバラバラの旅をしたのではなく、それぞれ微妙に違った風景を見ながら、ゆるやかにつながっていた。思いついた行動が、口をついた言葉が、口に出されなかった想いが、道連れたちとともにある世界を揺らしていた。そのゆるやかなつながりは、ゆるやかであるからこそ、何かの拍子でとぎれてしまうほど繊細なものでもある。兄とわたしはそれぞれ違った世界を生きているのではない。それぞれの仕方で感知した世界を、ともに生きている。

この旅の一週間前から、わたしはインゴルドの本を読んでおり、彼がネットワークではなく、メッシュワーク（網細工）と言っていることについて考えていた。たとえば、インゴルドは次のように書いている。

実のところ、居住という網細工《メッシュワーク》の触手を逃れられるものはない。どこまでも広がろうとするそのラインが、これから広がり進行するかも知れないあらゆる亀裂や裂け目に探りを入れているのだ。生は何かに収まろうとせず、自分と関係する無数のラインに沿って世界を貫く道を糸《スレッド》のように延ばしていく。もし生が境界線のなかに押し込められないものだとしたら、それは囲われるものでもないだろう。では、環境という概念はどうなってしまうのか？　文字通りの意味では、環境とは囲うものである。だが居住者にとって環境とは、境界を設置されるという状況から成り立つものではなく、自分の使ういくつかの細道がしっかりと絡み合った領域から成り立っているものだ。この絡み合いの領域——織り合わされたラインの網細工——には内部も外部もない。在るのはただ隙間や通り抜ける道だけである。結局のところ生命の生態学は、交点と連結器（猪瀬注：ネットワークのイメージ）ではなく、糸と軌跡の生態学でなければならない。（インゴルド2014：165-166）

ネットワークとは、点と点を直線で結びつけるものである。たとえば、こことあそこ、この人とあの人とその人、このこととあのこととそれらのことども……。点がいくつになろうと、点と点とは直線で結ばれ、そしてそれぞれの線は交差することはあっても、からまることはない。一方、メッシュワークの線（ライン／糸／軌跡）は、それに沿って生活が営まれる踏み跡である（インゴルド 2014 : 133）。それぞれの線は弛緩し、ときに緊張しながら、ほかの人にとっての線とからまりあう。同じように兄の線は、わたしの線にからまり、そして長男の線はわたしや兄の線にからまる。わたしたち三人のからまった線はメッシュワークとなり、そのメッシュワークがわたしたちとからまった人やものを揺さぶり、そしてわたしたちとからまった人やものに揺さぶられる。そうやって、もはや何が原因なのか特定できないかたちで、世界は揺れる。揺れていく世界に、亡くなった人やものたちの足跡が折々にあらわれる。

レヴィ＝ストロースは『野生の思考』の終盤、「再び見出された時」という章で、オーストラリア先住民のチューリンガについてふれる。チューリンガとは表面に象徴記号が刻まれた石か木でつくられた楕円形の物体である。持ち主は人のよく通る道から離れた岩陰に隠し、定期的に取り出して、手触りを確かめる。そのたびに磨き、油や色を塗るなど、手入れも怠らない。チューリンガに祈り、呪文を唱える。レヴィ＝ストロースは、チューリンガの役割をわれわれの社会における先祖伝来の古文書や、偉人たちのゆかりの事物と同じであるとする。その効力を、レヴィ＝ストロースはわれわれを純粋歴史性と接触させることにあるとする。表される出来事は、人類の歴史全体から見れば、とるに足らぬものでもよいし、また完全に欠如していてもいい。バッハの三小節を聞いただけで心をときめかさざるをえない人にとって、バッハの署名を実際に目にすることがかけがえのない経験になるように、チューリンガや古文書にふれることで、先祖が確実にそこにいたという〈出来事〉を生々しく感じ取ることができる（レヴィ＝ストロース 1976：286–291）。それはただ、先祖がつくり、先祖が書いたという事実を確認するだけではない。先祖を取り巻く世界がいかなるものであり、そこでどんなことを感知したのかを、自分が世界を生きる生々しい経験に重ねることでもある。小田亮《まこと》は古文書やチューリンガが表す出来事について、「過去から未来へという連続性のなかにあるのではなく、弁証法的に否定された過去として現在を意味づけもしない。地表に隆起した地層の断面がみせるように、過去と現在の層が、そのあいだの長い時間を充塡することなく、非連続のまま、現在のなかで直かに接している」と書く（小田 2000：222）。

チューリンガのように、兄のしっそうという、社会全体でみればとるに足らない出来事をめぐって、時間の直線的な流れに抗いながら、蜿蜒《えんえん》と物語を綴ってきた。レヴィ＝ストロースは自然の多様性と、人間がふれたときに開かれていく思考に注目した。わたしはそのことに魅了されながら、さらに人間自身の多様性ということを考えたいと思った。それは兄とわたしの違いであり、兄とわたしと長男の違いであり、そして兄とわたしと長男と母の違いである。それを障害のある人とない人、大人と子ども、男と女という言葉で整理する誘惑にかられながら、かろうじて踏みとどまりたい。

ここで再び、この本の冒頭に書いた問いに立ち戻ろう。「とるに足らない出来事」の地になるような「社会全体」や「人類の歴史全体」など本当に存在しているのだろうか。

わたしたちが「世界全体」と感じているものは、ただそのように大きな言葉を持つ存在――それはメディアかもしれないし、政府かもしれないし、学者かもしれないし、世間かもしれない――によって切り取られたものでしかない。そうやって切り取られた世界全体で起きるさまざまな出来事は、そのあまりのおびただしさの中で押し流されていく。心を痛めた戦争も災害も、悲惨な事件も、いつしか過去のものになり、忘却されていく。ならば吟味するべきなのは、そういった「世界全体」「社会全体」「歴史全体」という捉え方そのものなのではないだろうか。

わたしは兄とともにある世界を、兄とともに描いた。一人の生に肉薄したとき、一人の生だけではなく、そこにからまるさまざまな人やものごとの交わりがわかる。その先に、離れた場所で起こっていることや、離れた場所でも人びとを翻弄していること、かつてあった出来事——その中には直視しがたいことも含まれている——ともつながっている。そうやって編まれていく網細工は、社会全体や人類の歴史全体と同じではない。そこで描いた模様やリズムは、束の間しか形をとどめない。それでも、それはそこに確実に存在し、それに立ち会ったものたちを震えさせる。わたしが兄とともに綴ったこの物語が、チューリンガのようにあなたが生きてきた生々しい経験と、束の間に重ねられることを願う。

そうやってそれぞれ固有で、代替不可能な経験が反響していくことから生まれていくかりそめの世界を、わたしは信じたい。

参考文献

安積純子・岡原正幸・尾中文哉・立岩真也 2012『生の技法——家と施設を出て暮らす障害者の社会学　第3版』生活書院
アサダワタル 2014『コミュニティ難民のススメ——表現と仕事のハザマにあること』木楽舎
アサダワタル 2020『住み開き——もう一つのコミュニティづくり　増補版』ちくま文庫
石井美保 2007『精霊たちのフロンティア——ガーナ南部の開拓移民社会における〈超常現象〉の民族誌』世界思想社
石井美保 2019『めぐりながれるものの人類学』青土社
猪瀬浩平 2010「地縁共同体から、知縁共同体へ——山梨みかんトラストファーム農園主　山梨通夫の遍歴」『日本ボランティア学会 2009 年度学会誌』90-94
猪瀬浩平 2015「直線、切断、接合、螺旋——ある知的障害をもつ人の旅をめぐる考察を通じた、世界の〈変革〉にむけた試論」『PRIME』38：17-23
猪瀬浩平 2019『分解者たち——見沼田んぼのほとりを生きる』生活書院

猪瀬浩平 2020 i 「すれ違う、こすれ合う。かけがえのなさと切なさ。――『分解者たち――見沼田んぼのほとりを生きる』を書いた先に」『福音と世界』75(2)：30-35
猪瀬浩平 2020 ii 『ボランティアってなんだっけ？』岩波ブックレット
猪瀬浩平 2020 iii 「『病気はまだ、継続中です』――分割／連帯を生み出すために」農山漁村文化協会編『新型コロナ 19氏の意見――われわれはどこにいて、どこへ向かうのか』農山漁村文化協会：98-104
猪瀬浩平 2021 「コロナの時代の野蛮人――分解の人類学に向けて」『社会人類学年報』47：29-57
猪瀬浩平 2022 「見捨てられた体験を未来に差し出す――本書に寄せて」児玉真美編著『コロナ禍で障害のある子をもつ親たちが体験していること』生活書院：206-223
猪瀬浩平 2023 「それなりに整った世界で叫ぶ――家と施設でない場所で暮らす、重度の知的障害のある人の意思をめぐって」『文化人類学』87(4)：624-641
猪瀬浩平・久保明教 2020 「忘却することの痕跡――コロナ時代を記述する人類学」『現代思想』48(10)：152-171
岩橋誠治 2015 「ズレてる支援／おりあう支援」寺本晃久・岡部耕典・末永弘・岩橋誠治『ズレてる支援！――知的障害／自閉の人たちの自立生活と重度訪問介護の対象拡大』生活書院：88-185
ティム・インゴルド 2014 『ラインズ――線の文化史』工藤晋訳、左右社
ティム・インゴルド 2017 『メイキング――人類学・考古学・芸術・建築』金子遊・水野友美子・小林耕二訳、左右社
上田假奈代 他 2016 『釜ヶ崎で表現の場をつくる喫茶店、ココルーム』フィルムアート社
上野俊哉 2013 『思想の不良たち―― 1950 年代 もう一つの精神史』岩波書店
岡真理 2019 『彼女の「正しい」名前とは何か――第三世界フェミニズムの思想（新装版）』青土社
マルク・オジェ 2022 『メトロの民族学者』藤岡俊博訳、水声社
小田亮 2000 『レヴィ＝ストロース入門』ちくま新書

河野秀忠 2007『障害者市民ものがたり――もうひとつの現代史』生活人新書
清岡卓行編著 1991『金子光晴詩集』岩波文庫
J. M. クッツェー 1992『敵あるいはフォー』本橋哲也訳、白水社
久保明教 2018『機械カニバリズム――人間なきあとの人類学へ』講談社選書メチエ
児玉真美編著 2022『コロナ禍で障害のある子をもつ親たちが体験していること』生活書院
ラルフ・ジェームズ・サヴァリーズ 2021『嗅ぐ文学、動く言葉、感じる読書――自閉症者と小説を読む』
岩坂彰訳、みすず書房
下村湖人 2020『次郎物語　五』岩波文庫
レベッカ・ソルニット 2019『迷うことについて』東辻賢治郎訳、左右社
武田麟太郎 2021『蔓延する東京――都市底辺作品集』共和国
ジル・ドゥルーズ 2007『記号と事件――1972-1990年の対話』宮林寛訳、河出文庫
永杉喜輔 1998『凡人の道――煙仲間のこころ』溪声社
中村寛 2017「戦争のある風景――寓話的日誌による同時代のスケッチ」『現代思想』45(20):154-167
仁藤夢乃編著 2022『当たり前の日常を手に入れるために――性搾取社会を生きる私たちの闘い』影書房
認定NPO法人クリエイティブサポートレッツ・小松理虔 2020『ただ、そこにいる人たち――小松理虔
さん「表現未満、」の旅』現代書館
ガッサン・ハージ 2022『オルター・ポリティクス――批判的人類学とラディカルな想像力』塩原良和・川
端浩平監訳、明石書店
原口剛・稲田七海・白波瀬達也・平川隆啓 2011『釜ヶ崎のススメ』洛北出版
ジョアオ・ビール 2019『ヴィータ――遺棄された者たちの生』桑島薫・水野友美子訳、みすず書房
藤原辰史 2020『縁食論――孤食と共食のあいだ』ミシマ社
ドリーン・マッシー 2014『空間のために』森正人・伊澤高志訳、月曜社

松村圭一郎 2017『うしろめたさの人類学』ミシマ社
三井さよ・児玉雄大編著 2020『支援のてまえで――たこの木クラブと多摩の四〇年』生活書院
宮沢賢治 2017『宮沢賢治コレクション6　春と修羅―詩1』筑摩書房
村上春樹 2000『辺境・近境』新潮文庫
村瀬孝生 2022『シンクロと自由』医学書院
マルセル・モース 2014『贈与論　他二篇』森山工訳、岩波文庫
八木下浩一・齋藤雅哉 2017「地域にもぐりこむ」『現代思想』45(8)：54-64
箭内匡 2018『イメージの人類学』せりか書房
山下浩志 2010「障害が照らし出す地域――わらじの会の三〇年」わらじの会編『地域と障害――しがらみを編みなおす』現代書館：11-76
横田弘 2015『増補新装版　障害者殺しの思想』現代書館
横塚晃一 2007『母よ!殺すな』生活書院
クロード・レヴィ＝ストロース 1976『野生の思考』大橋保夫訳、みすず書房
クロード・レヴィ＝ストロース 2006『生のものと火を通したもの（神話論理Ⅰ）』早水洋太郎訳、みすず書房
渡辺公三 2003『レヴィ＝ストロース――構造』講談社
わらじの会編 2010『地域と障害――しがらみを編みなおす』現代書館

初出

本書は、「みんなのミシマガジン」（mishimaga.com）に連載された「野生のしっそう」（二〇二一年六月～二〇二三年三月）に加筆・修正のうえ、再構成したものです。

猪瀬浩平（いのせ・こうへい）

1978年埼玉県生まれ。明治学院大学教養教育センター教授。専門は文化人類学、ボランティア学。1999年の開園以来、見沼田んぼ福祉農園の活動に巻き込まれ、様々な役割を背負いながら今に至る。著書に、『むらと原発——窪川原発計画をもみ消した四万十の人びと』（農山漁村文化協会）、『分解者たち——見沼田んぼのほとりを生きる』（生活書院）、『ボランティアってなんだっけ？』（岩波ブックレット）などがある。

野生のしっそう
——障害、兄、そして人類学とともに

2023年11月20日　初版第1刷発行

著　　者　猪瀬浩平

発 行 者　三島邦弘
発 行 所　株式会社ミシマ社
〒152-0035 東京都目黒区自由が丘 2-6-13
電話 03-3724-5616　FAX 03-3724-5618
e-mail hatena@mishimasha.com
URL http://www.mishimasha.com/
振替 00160-1-372976

ブックデザイン　脇田あすか
装画・挿画　岡田喜之

印刷・製本　株式会社シナノ
組　　版　有限会社エヴリ・シンク

ISBN 978-4-909394-96-5　JASRAC 出 2307938-301

ISBN978-4-903908-98-4　1700円（価格税別）